百年中國學術與文化之變

金耀基題

中華書局

金耀基（King Yeo-Chi，Ambrose），著名社會學家，政治學家，教育家，散文家和書法家。1935 年生，浙江天台縣人。台灣大學法學學士，台灣政治大學政治學碩士，美國匹茲堡大學哲學博士。曾任香港中文大學新亞書院院長，社會學系主任，社會學講座教授，大學副校長、校長等職。先後於英國劍橋大學、美國麻省理工學院訪問研究，美國威斯康辛大學、德國海德堡大學任訪問教授。2004 年自大學退休。現為香港中文大學榮休社會學講座教授，台灣中央研究院院士（1994 至今），西泠印社社員。

目録

增訂版序

前言

中國百年學術之變與發展
　從經學到科學的範式轉變 ·································· 〇二二

中國現代政治文明的探索
　從民本到民主的歷史之路 ·································· 〇三八

簡論蔣廷黻其人其書 ························· 〇五六

蔡元培與中國現代大學範典之建立 ················· 〇八〇
附錄　蔡元培留給中國大學的精神遺產 ················· 〇九六

大學與中國現代文明的建構 ················· 一〇〇

回眸五四百年
　簡談中國的兩個「新文化」 ····················· 一一六

錢穆側影
　《錢穆先生談話錄》序 ································· 一三四

中國教育現代化先驅陸費逵
　《書業商之人格》序 ································· 一六八

余英時與中國文化的人文精神 ················· 一八四

胸中有古今，眼底有中西
　史學大家許倬雲大兄 ························· 一九四

楊振寧的百歲人生
　記一位偉大科學家的心路歷程 ················· 二〇二

　　2020，我八十五歲之年，中華書局（香港）出版了我的《百年中國學術與文化之變》論文集。月前，侯明總編輯語我：書已售罄，準備再版。她表示我近二年發表了好幾篇文字涉及百年中國學術文化上標杆性的人物，建議我選幾篇加入原書。這便是現在這本《百年中國學術與文化之變》的「增訂版」。我選的是下面四篇文字。說明為次：

　　〈**中國教育現代化先驅陸費逵**〉，此文寫中華書局創辦人陸費逵先生一生對中國新教育大工程的貢獻。原本是我為《書業商之人格》一書所作的序文。民國元年，陸費逵先生創立中華書局，自此中華書局與商務印書館比肩競勝，成為中國出版業的二大王國。中華創立之始，陸費先生就出版表徵時代精神的教科書，可說是中國教科書革命的第一炮，也正是為建構中國現代文明的教育事業的先聲。最難能可貴者，中華與商務一樣都採取雙線的出版策略，一方面出版新知識的書本與雜誌，一方面出版大量的古籍與學術研究成果。我們可以「傳揚中華文

化，構建現代文明」來形容中華、商務的出版宗旨。陸費達獻身中華，成就非凡，至 1949 年，中華累計出書 5900 種，冊數當以萬數計。民國以來幾代讀書人，可以有沒有進過大學的，但鮮有沒有讀過中華、商務出版之書的。令我對這位「書業商」（陸費達自稱）產生深切敬意的是，伯鴻先生在民初與時任中華民國教育總長的蔡元培在教育現代化道路上同道而行，以義相挺的情誼。蔡元培與陸費達二先生皆先後在香港離世，埋骨於香港青山。

〈余英時與中國文化的人文精神〉與〈胸中有古今，眼底有中西：史學大家許倬雲大兄〉。我生也有幸，與余英時、許倬雲二位史學大家，相知相交半個世紀，余許同年，都長我五年，故我以「大兄」相稱，我與二位大兄專業不同，但對中國學術文化的關注，頗多交集，多有共同的語言。

余英時大兄走上歷史學之路，第一步是上世紀五十年代在新亞書院跨出的。他在新亞五年（本科及研究所），師從新亞校長大史家錢穆夫子，成為錢夫子的入室弟子。他在錢穆去世時為文曰：「這五年中，錢先生的生命進入了我的生命，而發生了塑造的絕大作用。」他於新亞畢業後，受新亞保送到哈佛大學深造，師從有西方漢學「看門人」之稱的楊聯陞先生。自此進入了世界漢學的園地，並最後以著述贏得了一席光輝地位。余英時於 2006 年獲美國有「人文諾貝爾獎」之稱的「克魯格人文終身成就獎」（The John W. Kluge Prize for Lifetime Achievement）及 2014 年獲領台北的唐獎第一屆的「漢學獎」。余英時夫子（他離世之年已九十一歲）著作宏富，不下百千萬字，而其史學論述之核心則在維揚中國文化的人文

精神，此則最是錢、余師生契合會心的價值旨趣。錢穆晚年巨著是《朱子學案》，余英時晚年巨著是《朱子的歷史世界》。我想像，錢余師徒二位史學大家在朱熹的精神世界中重遇暢談各自所見的同異，不能不是中國文化史上的一道美麗風景。

許倬雲大兄走上歷史學之路，可說是一帆風順。上世紀五十年代，他在台灣大學攻讀歷史學，其時，台灣雖有風雨飄搖之勢，但台大的歷史與考古系卻可能正處於一個黃金時期。歷史考古系可謂名師雲集。1949 年國民政府敗守台灣之際，總統蔣介石第一時間派專機接來台灣的部分學界精英，如胡適、傅斯年、李濟、董作賓等，幾全部匯聚中央研究院與台灣大學。許倬雲入校之始，即備受名師之青睞，後入研究院，再入中央研究院歷史語言研究所，更被視為學術的接班人。倬雲大兄在台灣的學術發軔期是得天獨厚的，他可能受到了民國以來最好的學術訓練，事實上，他在台灣是民國學脈承先啟後的一輩中的表表人物。之後，他再到芝加哥大學完成博士學位，他的博士論文及《漢代農業》及《西周史》《中國古代社會史論》都深為中西史學界所重，奠定了歷史學家的地位。2014年，美國亞洲學會給他頒發「傑出貢獻獎」，高度肯定他在中國古代史研究的成就與意義。

倬雲大兄以學術為終生志業，著作等身，古稀之年後，更連續出版《萬古江河》、《我者與他者》、《華夏論述》三書，風行兩岸三地，是大歷史的書寫，也是中華文明史的新筆法，非胸中有古今，眼底有中西，不能有此本事，最近得知，倬雲大兄又將有《一天星斗》（暫名）總結性的著作問世，真是不勝期待之至。

今年五月，資深出版人馮俊文先生自匹茲堡來電，他表示他正編訂《倬彼雲漢：許倬雲先生學思歷程》一書，因知我與許先生是多年老友，希望我寫一短文談談我與許先生半世紀的交往，以及對他學思歷程的觀察，作為《倬彼雲漢》一書的「代序」，倬雲大兄今年九二高齡，我亦已是八七之歲，我們真是「老友」了，故欣然應命寫了〈胸中有古今，眼底有中西：史學大家倬雲大兄〉。

〈楊振寧的百歲人生〉此文是 2021 年，為楊振寧先生百歲大壽的慶壽文集而寫。楊振寧先生是科學界的巨人，他於 1953 年與哥大物理系研究生米爾斯（R. Mills）發表的〈楊—米爾斯規範場論〉使他登入科學極峯的殿堂，楊振寧的名字因之與牛頓，麥克斯韋和愛因斯坦連在一起，名垂人類的史冊。科學與楊振寧在二十世紀初的中國相遇，實是楊個人之幸，也是科學之幸。科學是二十世紀之初才真正進入中國的，如出生在清朝之前的中國，楊振寧不可能是科學家，極可能是一位經學大師或出色的詩人。科學之所以能成為中國學術文化的新核心，實由於中國學術文化的現代化，我曾指出，中國百年學術現代化的一個主旋律是從「經學」轉向「科學」。這個「轉向」是在蔡元培手中最後完成的。蔡元培之廢「經學科」（不是廢經學），並把科學置於中國現代大學殿堂之主位，實是中國學術文化旋轉乾坤的一舉。

楊振寧在三十年代昆明西南聯大所接觸到的物理學、數學知識，已經與西方當時一流大學接軌。此所以，楊先生到美國當時的物理學重鎮的芝加哥大學深造，在物理學大師費米和泰勒（氫彈之父）等點撥下，才華大顯，輕易地

登堂入室獲得了博士學位。1949 年，楊振寧應聘到普林斯頓高等研究院（當時愛因斯坦還在），自此開始了他科學人生第一個春天，他在普林斯高等學院十七年中創作不斷，其中包括二篇震撼物理學界的論文。1957 年獲諾貝爾獎的楊、李的《宇稱不守恆》，與 1953 年的楊、米爾斯《規範場論》，並且與杜致禮女士結婚成家，此一段時光，楊振寧真可說「春風得意馬蹄疾」了。1965 年，楊振寧先生應聘為紐約州立大學石溪分校「愛因斯坦講座教授」，並主持一個全新的理論物理研究所，從這時起，楊先生除了做科學研究，也培育人才，開始了科學教育的事業。楊在石溪住了三十三年，工作外，與杜致禮不忘欣賞海灣的落日美景，可謂歲月靜好。1999 年，楊振寧自石溪退休，那一年，楊先生 77 歲，令人驚嘆不已的是，是年三月，亞特蘭大舉行的美國物理學會一百週年會，將享有盛望的昂薩格獎（Onsager Prize）頒給了楊振寧，肯定他在統計力學等方面的傑出貢獻。這可見楊振寧的研究是超前的，多領域的，同時是從未停步的。

楊振寧石溪退休時，他主持的物理研究所（後該所已冠楊振寧之名）已與勞倫斯（Ernest Lawrence）、奧本海點創建的加州大學伯克利分校著名的物理研究所相提並論了，而石溪也名列在美國十二個最好的物理系之中。這說明楊振寧不止是傑出的科學研究者，他在科學教育的事業上也同樣出色。

楊振寧的科學人生中，2003 年是難忘的一年，愛妻杜致禮病逝，老年失伴，悄涼自知，但他收拾心情，隻身前赴清華，以踐 1999 年之承諾。對他來說，那是一次歸根之行。楊

振寧從 1929 到 1937 與父母一起在清華園度過童年和青少年的歲月，其時，楊父楊武之在清華數學系任教。1942 年他西南聯大畢業後，考進清華大學的研究院，1945 年他赴美深造，也是因考取了清華第六屆庚款留學考試。所以，清華可說是楊的人生的起點。2003 年回到清華後，他寫了一篇《歸根》的詩，為首的兩句「耄耋新事業，東籬歸根翁」；他雖已八十之齡，但仍有展開新事業的壯志。楊先生形容自己的人生畫了一個圈，他譯了英大詩人艾略特（T. S. Elliot）的一首詩，其中兩句是：

> 我的起點，就是我的終點……
> 我的終點，就是我的起點。

楊振寧已把清華看做他科學事業的起點和終點。誠然，楊先生回清華後，即創辦了清華高等學院，他是以全副精神（特別在制度的規劃）想把清華高等學院辦成像他所喜愛的普林斯頓高等研究院。楊先生是務實的，他明白高研院在規制上應有的經費外，必須有額外的財務上的支援，方能有招聘世界傑出人才和開闢新研究方向的自由，為此，楊先生很早就在香港註冊成立了「清華大學高等研究中心基金會有限公司」（此事一直由陳方正博士義務操持）；為此，楊先生把自己的個人積蓄及他在美國長島的住所捐給了基金會，他香港的友好，特別是工商界的愛國人士都因他而熱心支持，正因為有了額外的財務上的自由，高研院才有可能引進世界級的學者，如圖靈獎得主姚期智先生，才有可能設立楊振寧講座教授「職位」，招攬翁征宇、王小雲等一批優秀的中青年科學家。我發現楊先生自

2003 年以來，在科學事業上做的遠比我想像者為多，我特別
注意到清華朱邦芬教授的一段話：

> 楊振寧 2003 年歸根，絕不是一些不了解真相的人所想像
> 的，是回來「養老」和「享福」。「80 後」的楊先生開始
> 了新的事業和新的探索，做出了許多新的貢獻。

令人驚喜感佩不已的是，楊先生回清華後發表約二十七篇
SCI 論文和出版兩本專著，以楊先生為唯一作者的，一共寫了
十三篇純物理研究文章。楊振寧真是一個活到老，研究到老的
科學老人。

楊振寧先生歸根清華，有人稱之為他的科學事業的第二個
春天，而令楊先生進入人生的第二個春天的，則是 2004 年他
與二十八歲的翁帆的婚訊了。八十二歲的楊振寧寫出心中對翁
帆的頌讚的詩句：

> 噢，甜蜜的天使，
> 你真的就是⋯⋯
> 上帝恩賜的最後禮物，
> 給我的蒼老靈魂，
> 一個重回青春的欣喜

楊、翁的婚訊，海內海外引發了激烈的反應，一時間沸沸
揚揚，為他倆高興祝福的固是一大片，抱持不認同與強烈不滿
的也是此起彼落。我的第一個反應是，楊振寧的「黃昏之戀」
使他有了人生的第二個春天，孤獨寂寥的老人將有一個棲居詩
意溫暖的暮年。

十八年了，楊振寧與翁帆，牽手一路走來，已走過十八個春天，我必須說，我與楊先生的朋友都親目見證了楊振寧2004年說的他和翁帆是一個「浪漫的愛情故事」。這個浪漫的愛情故事，不經不覺已到了楊振寧百歲之日。〈楊振寧的百歲人生〉寫的是一個科學家和詩人的故事，我在此對故事的主人公說「生日快樂」！我更期待並祝福楊振寧先生一百後的人生。

　　　　　　　　　　　　　　　　　　金耀基

　　　　　　　　　　　　　　　2022 年 8 月 31 日

前言

一

　　本書是繼拙著《中國文明的現代轉型》於 2016 年出版後，我對中國現代化與現代性這個學術課題最新問世的論文集。全書共七篇文字，六篇寫於 2015 至 2020 年五年間。這本《百年中國學術與文化之變：探索中國的現代文明秩序》與《中國文明的現代轉型》可說是我的現代化論述的兄弟篇，二書同為我 1966 年出版的《從傳統到現代》的後續書寫。這三本書的題旨是前呼後應、一以貫之的。誠然，自 1966 年到今年 2020 年已超過半個世紀，我由三十而立的青年已變為古稀之年後又十五年的八五老人。白雲蒼狗，歲月悠悠，所感欣慰者，半個世紀來我的學術志業未變，我對中國現代化之最終鵠的必在建立一個中國的現代文明之信念未變。我最感欣慰的是，就在這五十多年中，貧弱落伍、苦難不斷的中國已經踏上構建現代文明的大路了。當然，我十分清楚，構建現代文明之路曲折崎嶇，波湧浪高，不會一路無苦無難。在這裏，我願引本書兄

弟篇《中國文明的現代轉型》一書的〈前言〉中幾句話與讀者諸君共勉：

> 誠然，今天已經出現了一個中國現代文明的基本形態，但它還處於轉型的過程中，還不斷在學習、提升、反思、完善和持續的試驗中。如果再有三十到五十年的和平環境，在二十一世紀裏，一個有別於「西方現代性」的中國的現代文明將可修成正果。對此，我是有所憧憬的。我也相信，這是中國人的歷史共業。

二

本書的論述是循着我的中國現代化理論框架展開的，我曾指出，中國從「傳統」到「現代」的發展路徑是決定於中國現代化的三個主旋律，也是中國文明現代轉型的三個主旋律，即（一）從農業社會經濟到工業社會經濟；（二）從帝制君主到共和民主；（三）從經學到科學。在過去一百五十多年的歷史過程中，這三個主旋律或同時間發生，或先後時間發生，有時快，有時慢；有的很成功，有的很不成功。因此，中國的現代化或中國文明的現代轉型是不完全均衡的，但我們整體地看、歷史地看三個主旋律是持續地在運作的，中國的現代化是有成績的，此所以我上面說「今天已經出現了一個中國現代文明的基本形態」。本書的七篇文字大都是圍繞三個主旋律而書寫的。

〈中國百年學術之變與發展：從經學到科學的範式轉變〉 一文指出中國百年來學術上的最大變化是從經學到科學的範式轉換。經學是中國古典文明的核心組成，而科學則是中國現代

文明的根本元素。有科學，中國才能進入現代，也才能有真正的工業文明。今日中國成為世界工廠，成為世界第二大經濟體，與科學（包括科技，也包括社會科學）有千絲萬縷的關係。此文原是為香港中文大學新亞書院成立七十週年（2019）的學術講座而寫。

〈中國現代政治文明的探索：從民本到民主的歷史之路〉一文，旨在探索現代政治文明的創立之路。政治文明在中國現代文明中佔中心位置，惟千百年來，中國歷史上除帝國君主制外，從未有過對國體或政體的叩問與新見，直到十九世紀末始有康、梁的君主立憲、孫中山的共和革命的倡論。而在二十世紀的歷史中，國民黨和共產黨先後在中原大地建國，孫中山領導的革命政黨 1912 年創立中華民國，首申「共和民主」之義；共產黨在 1949 年創立中華人民共和國，再申「共和民主」之義。故「共和民主」殆為中國政治文明所不可或無的制度與文化。誠然，推翻清朝帝制固不易，而建立「共和民主」則更難。故二十世紀以來，建造共和民主的政治文明始終是中國現代化中最艱辛的一項制度與文化工程。但難則難矣，這卻是中國建立現代文明的歷史共業所不能迴避與缺少的。我這篇文字是對台灣政治現代化的一個歷史社會學的觀察。誠然，在我筆下，中國大陸與台灣在半個世紀中，在海峽兩岸，都在譜寫中國現代化的大故事。此文原是 2015 年在台灣中央大學「余紀忠先生講座」的演講稿。

〈簡論蔣廷黻其人其書〉一文是我對蔣廷黻這位民國學人之治學與從政（外交）兩個人生的簡論。我的論述重點則落在蔣氏 1938 年所撰《中國近代史》一書上。這本僅有五萬字的

著作是蔣廷黻終其一生唯一留世，也是足可傳世的著作。蔣氏在書中提出「近百年的中華民族只有一個問題，那就是，中國人能近代化嗎？」作為一個有世界格局觀的歷史學者，他是第一個指出中華民族之興亡存續是繫於能不能近代化這個問題上的。證諸自鴉片戰爭迄今一百八十多年的歷史，蔣廷黻是一位有卓越史見、史識的史學家。此文原為武漢崇文書局「名家中華史系列」之蔣廷黻《中國近代史》所作的導言。

〈蔡元培與中國現代大學範典之建立〉一文指出蔡元培是中國學術教育現代化的關鍵人物，他對北京大學的改革不啻是為中國大學定性定位，他以大學為「研究學問」之機構，廢經學科（《詩經》《春秋》《易經》等皆歸入文科各系），把科學（在蔡氏眼中，包括自然、社會及人文各科）安排到學術殿堂的主位。蔡先生無疑是中國現代研究型大學的奠基人。此文原是 2005 年在北京大學中國文化書院所作「蔡元培先生講座」的講稿。2016 年修正原稿，並收入拙著《再思大學之道》（2017）。

〈大學與中國現代文明的建構〉。在二十一世紀，大學已是「知識工業」的基地（Clark Kerr），知識更成為一切社會、經濟、科技等變革發展的主要動源，故大學必然成為構建中國現代文明的源頭活水。但今天的大學以科學為重，唯「真」是求，與古之「大學之道」唯「善」是求，實大異其趣。今之大學重「知性之知」，古之大學重「德性之知」（價值之學），今日大學之優勝者往往在科研與創新知識上卓然有聲，但在大學本科教育上則只有「智育」，而甚少或沒有「德育」；只有「知識教育」，而甚少或沒有「價值教育」。就連哈佛大學的教育

也遭「卓越但沒有靈魂」（Harry Lewis）之譏評。故我近十餘年來，屢屢著文，中國的大學必須求真、求善與求美（善美在中文是同義字，見《說文解字》）同重，必如此，中國大學才能擔負起構建中國現代文明之任務和責任。蓋中國的現代文明的理想境地是應包有真、善、美三個範疇的。此文原是根據我於 2013 年在南京大學及 2014 年在江西師範大學所做的兩次演講稿整合增補而成，並收入 2017 年拙著《再思大學之道》。《再思大學之道》與《大學之理念》[01] 是我論大學的姊妹篇，讀者幸垂察焉。

〈回眸五四百年：簡談中國的兩個「新文化」〉一文是為紀念五四百週年而寫。五四新文化運動是繼曾（曾國藩）李（李鴻章）自強運動、康梁維新運動、孫中山辛亥共和革命而起的一場思想上、文化上的現代化運動。批判傳統，「重估一切價值」是新文化運動的主調；「打倒孔家店」更是「去儒學中心化」的一個強音。整體而言，論者頗有以五四新文化之功在「破」而不在「立」。作為一個「後五四」之人，我個人認為五四新文化運動在反傳統一點上是大有過激之處的。「打倒孔家店」的口號更是幼稚而粗暴，但新文化運動對傳統中陳腐、愚昧的東西的撻伐，真起了摧陷廓清的作用。至於五四標舉的「科學」「民主」更是走向現代文明的明燈。故五四新文化運動功不止在「破」，亦在於「立」。我此文就是特別討論五四百年至今，中國已出現了兩個極有生命力的「新文化」，

01　初版 1983 年，兩岸三地有多種版本，最新修訂版是 2020 年簡體字版。

即科學文化和審美文化。因了這兩個「新文化」，今日中國的文化景觀已遠非百年前可以想像的了。事實上，科學文化和審美文化必然成為中國的現代文明的核心組成。此文原是為香港集古齋出版的《美術家》2019 年復刊號而寫。

〈**錢穆側影：《錢穆先生談話錄》序**〉。錢賓四先生是二十世紀中國學術史上的一位有標桿意義的學者。他是史學家、通儒、國學大師，是中國文化的一個象徵人物。錢先生於 1990 年離世，錢夫人胡美琦女士以「洪荒之力」出版了五十四冊的《錢賓四先生全集》，陳志明先生在《錢賓四先生全集》外，從散佚在海內外的刊物雜誌中，蒐集到九篇錢先生的訪談記錄（其中包括蔣中正與錢穆的對話，金庸、胡菊人對錢穆伉儷的訪談等），準備在今年錢先生逝世三十週年出版。因知我與錢先生為「忘年交」，他特來信請我為錢先生的談話錄作序。我與陳先生素昧平生，但讀其來信，深感義不容辭，並欣然應命，遂在新冠疫情中寫了遠逾萬言的〈錢穆側影〉一文，對錢先生其人、其學、其事，對錢先生如何看人生、看人文、看中國文化作了一個側面的、半全景式的敘述。我發覺我所寫的實是二十世紀一個偉大讀書人的故事。

寫到這裏，我忽然想起有些友人（特別是東曉和甘琦兩位出版人）問我的一些話。他們說，我金某一生以研究中國現代化、追求中國的現代文明為志業，而錢穆先生是出了名的中國文化守護神，錢先生一生可以說是以維護發揚中國文化為懷抱的。他們說我與錢先生怎能如此心契神會，成為錢先生的「忘年交」？友人之問問得好，我願趁此機會簡答幾句。

我早在中學時代就讀錢先生之書，對他一直心存敬意。我

與錢先生相識始於 1977 年，那時錢先生已是八五歲長者，我則剛過不惑之年後兩年。我是以新任新亞書院院長身份到台北素書樓拜見創辦新亞的老校長。那次初次見面便有一見如故之感。離去時，錢先生說「我們有緣」。自此之後，一直到他離世，我每次赴台總會留一上午，專程到素書樓看望錢先生，並作長談，真可說成了忘年之交。我也從讀其書到識其人，我必須說多次與錢先生晤面，我不止受益而且享受到言談的樂趣，同時，我也深深感受到他的人格魅力。

錢先生與我的學術取向雖不同，但講到底，我的中國現代化理論思維中，傳統絕不是現代化的包袱、障礙而必須予以剷除或打倒者。文化傳統不是鐵板一塊，有的固須淘汰，有的應該改造，有的則不但需維護更要發揚光大。故我對一些簡單化的反傳統論調（五四之後在大陸文革中滿目皆是）極感厭惡，它們不但無助，而且絕對有害於中國的現代化。我自始相信，像中國這樣有悠久文化的古國，要想有真正的現代化，必須有賴傳統的轉化與再創新。所以，中國現代化決不能把「傳統」和「現代」看作是兩個割裂的對立體。我是不認同全盤西化論的，更認為一味的反傳統是永遠走不上現代化之路的。反之，對傳統文化有真知、有真情懷的學者我是敬重的。讀者應不感訝異，在我 1966 年出版的《從傳統到現代》一書中，就多處引用了梁漱溟、錢穆等學者的著作。1979 年，我更為傑出畫家何懷碩的《藝術・文學・人生》一書作序，寫了〈沒有「沒有傳統的現代化」〉的長文，文中說：

中國的現代化不能不從歷史傳統出發，不能不從古典傳

統中汲取靈源。在理論上，在經驗上我們都不可也不能剷除傳統，在文化的零點上做現代化的創造。現代化有多種，但絕沒有「沒有傳統的現代化」。

從這裏，就可以見到我對傳統文化的立場和態度，也可以理解何以我與錢先生兩代之間沒有隔閡，且正多忘年的心契神會。

坦白說，〈沒有「沒有傳統的現代化」〉發表後，四十年以來，我的現代化立場越堅，我對中國文化傳統的敬重也越深。講到底，中國現代化的大業，中國建構現代文明的大業畢竟是循「融會中西」「返本開新」兩線並行展開的。我將〈錢穆側影：《錢穆先生談話錄》序〉作為本書之殿，正用以彰明建構中國現代文明大業中，「返本開新」之真義。

三

在我八十五歲之年，在新冠疫情漫漫無止之時，此書得以問世，內心是感到欣慰的。這本論文集由動念到完成，從選文到定稿，趙東曉博士自始至終是一位推動者。這是我必須向他深切致謝的。當然，中華書局的總編輯侯明女士所提供的專業意見與加持，我也應同此誠摯致意。

金耀基

2020 年 7 月 9 日夜

中國百年學術之變與發展

從經學到科學的範式轉變[*]

一、中國三千年思想之兩次巨變

中國的學術思想自春秋到漢朝武帝時代，景觀一變。從春秋到漢之初葉，是中國歷史上思想空前解放的時代。獨立自高的學者，從孔子到淮南王（劉安）紛紛以著作濟世，出現了一個諸子爭鳴、百花齊放的「子學時代」。到了漢武帝，因用董仲舒之策「推明孔氏，抑黜百家」，「諸不在六藝之科、孔子之術者，皆絕其道，勿使並進」，兩千年來中國之思想雖不必統一於儒學，但卻再無足以與儒家分庭抗禮者，而儒家之學則

---

[*]　本文係 2019 年 5 月 16 日「新亞書院七十週年校慶學術講座」講稿。

取得了經學的地位。馮友蘭說：「董仲舒之主張行，而子學時代終；董仲舒之學說立，而經學時代始。」[01] 自漢武一直到清末，從董仲舒到康有為，凡兩千年，經學成為中國人的「思想的君主」（馮友蘭語），故這一段歷史，在中國學術思想上，稱之為「經學時代」是十分確切的。

中國的學術思想，到清末民初，景觀又一變。這一變，開啟了中國三千年未有之變局。此一變到底是甚麼？簡言之，從經學轉向科學是也，即經學自中國學術思想之王座退位，科學取經學之地位而代之，成為中國現代學術之顯學。兩千年之經學為傳統中國構建了一個具有儒家文化特質的農業文明，在人類文明史上獨樹一幟。科學則使中國進入現代，使中國從一農業文明轉向工業文明，開啟了中國科學文明之新紀元。我此文的重點，在敘述經學在甚麼情況下退出歷史舞台，而科學在二十世紀的中國又有如何的發展。

二、兩千年的「制度化儒學」

漢武帝獨尊儒學，儒學是指在教授六藝的基礎上，由孔子等學者整理而成的六部典籍。漢代獨尊儒學之後，因《樂》已佚失，故《詩》《書》《禮》《樂》《易》《春秋》尊稱為儒家五經。也因董仲舒之策，漢武帝於公元前 124 年創立太學，並設五經博士，「以養天下之士」。太學是中國帝國體系中的第一

01　馮友蘭：《中國哲學史》上冊，頁 40。

個高等教育機構，太學與經學於是結為一體。兩千年來，歷代有太學、國子學、國子監不同名稱，其為講授經學的教育機構之實質，並無二致。宋代，私人興學，書院之地位重要，經學權威由太學轉到書院。宋末年書院達三百到六百所，朱熹主持的白鹿洞書院，聲名最盛。而朱熹訂正的《四書》（《論語》《孟子》《大學》《中庸》）也成為儒之經典。其地位且超過六經。錢穆說：「（朱熹）退《六經》於《四書》之後，必使學者先《四書》後《六經》，更為在中國學術史上有扭轉乾坤之大力。」[02] 宋之後，四書與五經同為國家教育之核心，也成為隋代之後科舉取士的考試內容。[03] 自漢到清末，科舉制度與太學的高等教育制度基本合一，成為帝國體系的核心組成。這是中國的政、教（育）合一，我曾稱這種儒學（經學）為「制度化儒學」（institutional Confucianism）[04]，儒學與皇權縮結不可分割（三綱思想最體現「制度化儒學」之性格）。正因儒者為國家治理體系（文官制度）的中堅，故稱傳統中國為「儒者之國 Confucian state」非不可也。

三、經學為傳統中國最重要的「知識資本」

經學（四書五經為核心）之內涵與教育之功能，在《大

02　錢穆：《朱子新學案》。

03　參見〈中國傳統的教育制度的性格與歷史發展〉一文，李弘祺：《學以為己：傳統中國的教育》，香港：香港中文大學出版社，2012。

04　參見金耀基：《中國社會與文化》增訂版，香港：牛津大學出版社，2013，頁239。

學》一書中所講的「八條目」，說得很清楚，從格物、致知、誠意、正心、修身、齊家，到治國、平天下，一以貫之。這是儒家的「內聖外王」之學，其終極願景是《大學》開卷所言，「大學之道，在明明德，在新民，在止於至善」，即企求在人間建立一道德、倫理的文化秩序。此折射到政治上，便是儒家所推崇的「德治」。但我們必須指出，宋代「經學即理學」（顧炎武語），宋儒對於「內聖」之學講得淵淵入微，精深透剔，實有勝於先秦儒學之論述。但不論程、朱之「道問學」或陸、王之「尊德性」，對於「外王」之學（治國、平天下）的闡述實無多所措心。惟千百年來，儒生通過科舉入仕，便自然而然走上「通經致用」之路，以所得之於經學者，用之於「治國、平天下」了。康熙論《四書》說：「道統在是，治統亦在是」，並於1678年設「博學鴻詞科」，「廣攬天下學子」。宋趙普為相時，有「半部論語治天下」之語，在傳統的農業社會，「通經」或真可「致用」。故經學在傳統中國是被認為最重要的一種「知識資本」（intellectual capital），被讀書人看作是安身立命、修己立業的最大資源。古諺「遺子一經，勝過黃金一籮」，的確，兩千年來，經學的「神聖性」與「實用性」是很少受到懷疑的。儒家經學所建構的「經學文明」長期以來巍然屹立在東亞大陸，它是一自足的政、教（育）合一的帝國體系。

四、科舉制廢、經學脫魅

中國的政、教合一的帝國體系是被英國帝國主義發動的鴉片戰爭（1840─1842）打破的。之後，有太平天國運動

（1851—1864）及英法聯軍之役（1856—1860），不但天朝的榮光盡失，清朝且瀕於亡國的邊緣。當時，朝野唯一像樣的回應是曾（國藩）李（鴻章）的洋務自強運動，惟洋務自強運動的作為也只限於「開鐵礦、製船炮」的初級的軍事現代化。不錯，在自強運動中，設立「同文館」是一項重要的舉措。「同文館」除講授外文外，亦設立有西學、西藝的課程，但根本上還未觸及到制度、學術文化層面的革新。及至甲午戰爭，清廷敗於扶桑三島的鄰邦日本，朝野震動，乃有康（有為）梁（啟超）之維新變法（最重要的是君主立憲）及之後的「晚清新政」。維新的立憲變法雖失敗，但對學術思想、教育制度等改革，並沒有停止。

在這裏，我要指出，作為中國的「思想之君主」的經學，在鴉片戰爭後已日漸暴露不足以應付「秦漢以來未有之世變」或「三千年未見之大變局」（李鴻章、嚴復語），經學所培育的人才已無法適應政治、外交、軍事、經濟等紛至沓來的問題與局面。簡言之，「通經」已未必能「致用」了。經學的「神聖性」已隨世局之變而一層層剝落了。應該一提的是，經學在清中葉時已受到學者的質疑與批判。戴震指宋之「經學」（即理學）講「去人欲，存天理」是「以理殺人」實是對經學的批判。而章學誠更提出了「六經皆史」之說，實在是對「經」即是「道」（近乎今日所謂之真理）的思想的一大挑戰。他一方面破除「道在六經」（韓愈語）的說法，一方面更主張三代以下之道必在於史中求之。余英時認為「六經皆史」這個命題實

帶有尊史抑經的意味。[05]「六經皆史」之說對經學之「神聖性」是有脫魅作用的，但經學之地位直至清末仍未真正動搖（民國史學家呂思勉評章學誠之說曰：「視凡古書悉為史材則通，謂六經皆史則非」）。[06] 真正使經學失去神聖光環的是清末的世局。事實上，經學地位之下降幾乎與西學（主要是科學）之日漸受到重視是同時發生的。康、梁百日維新失敗後，影響不減，「晚清新政」是接着百日維新展開的，晚清新政中最主要的是教育的改革，改革的口號是「遠法三代，近取泰西」，但實際上只能「近取泰西」[07]。1898 年，清政府設立了「京師大學堂」等數所大學（在此順便一提，日本明治維新在 1886 年建立了東京大學、京都大學等九所西式大學），京師大學堂引進了科學的科目，但經學仍有突出的地位。寫到這裏，我特別要說一說戊戌維新之前之後，一代儒臣張之洞因世變而生思想之變。張之洞一生以「通經為世用，明道守儒珍」為行事指南，他以「三綱五常」為儒學的核心價值。但甲午戰爭後，他已覺得「外洋之強在於學」，「立國由於人才，人才出於立學」，更深感不仿西法，已難圖全。戊戌維新前夕，張之洞著〈勸學篇〉，指出科舉選士「無能為國家扶危禦侮者」。此時他對中西學術有「舊學為體，新學為用」的想法，此即日後百口傳頌的「中學為體，西學為用」，而他此時更有「變法必

05 余英時：《論戴震與章學誠》，香港：龍門書店，1976，頁 52。

06 見呂思勉：《經子解題》，上海：華東師範大學出版社，1995，頁 15。

07 陳平原：《中國現代學術之建立：以章太炎、胡適為中心》，北京：北京大學出版社，1998，頁 101。

自變科舉始」之念。1905 年，張之洞與袁世凱、趙爾巽等聯名上書請廢科舉，清廷接納所奏，下詔：

> 自丙午科為始，所有鄉會試一律停止，各省歲科考試，
> 亦即停止。[08]

行用一千四百年的科舉制從此走進歷史，而新式學堂由此變為養士取才的渠道。1905 年清廷頒佈的立停科舉以廣學校之詔令中說：「總之學堂本古學校之制，其獎勵出身又與科舉無異」[09]，在新式學堂中，大量引進以科學為主的西學西藝，惟如前所述，經學仍保有一席地位。但對學堂的教育，章太炎曾有嚴厲批評。唐文權、羅福惠合著《章太炎思想研究》中指出，章太炎認為「官辦新式學堂雖然也能給學生傳播近代科學知識，但在政治上無疑是想造就維護封建王朝的奴才，向學生灌輸忠君敬長、追名逐利等陳舊觀念」。[10]

五、「經學時代」結束，科學成為大學的知識核心

科舉之廢止，即宣示經學再非儒生進入帝國體系的入門券，可說是中國政教合一的「制度化儒學」的結束。科舉廢後六年，辛亥革命爆發，兩千年的帝制被推翻，中華民國成立，成為亞洲第一個以「共和民主」為名的國家。

08　朱壽朋編：《光緒朝東華錄》五，北京：中華書局，1985，總頁 5392。
09　朱壽朋編。
10　陳平原著，頁 103。

1912 年蔡元培被孫中山任命為教育總長，蔡元培在任內做的第一件大事，便是由他主持制定，並由他的繼任者頒佈執行的〈大學令〉，規定大學以「教授高深學問，養成碩學宏材，應國家需要」為宗旨，廢去了「忠君」「尊孔」等封建信條，確定大學分為文、理、法、商、醫、農、工七科，以文、理為主，取消經學科。蔡元培之取消經學科，不能說不是旋乾轉坤的大舉措，意義重大，實千古之一變。但我必須指出，經學科被取消了，但儒學並非從此絕滅，只是儒學作為「經學」的神聖光環沒有了。儒學變成了知識的一部分，也可說回復到先秦子學的地位。1912 年京師大學堂改為國立北京大學，嚴復為第一任北大校長，他就是依〈大學令〉的旨意，把「經學」劃歸到文科中去，如《易》以及《論語》《孟子》歸入哲學門，《尚書》《春秋》歸入史學門，《詩》《爾雅》歸入文學門。蔡先生於 1917 年接任北大校長時說，取消經學科，「與德國新大學不設神學科相類」。

　　蔡元培先生的大學教育的理念是受德國新大學影響的。十九世紀的德國新大學是把有八百年歷史的歐洲「中古大學」的核心《聖經》請出了大學之門，德國新大學的新核心是「科學」。

　　蔡先生在任北大校長時說：「大學為研究高尚學問之地。」[11] 他強調大學的「研究」，實預示了二戰後出現的「研

11　本文引蔡元培的文字，主要參考北京大學元培學院編：《蔡元培先生教育文集》，香港：中華書局，2018；梁柱：《蔡元培與北京大學》（修訂本），北京：北京大學出版社，1996。

究型大學」。蔡先生之取消了經學科，是真正宣告「經學時代」的結束，同時也是中國進入「科學時代」之始。蔡先生說「教育的方面雖也很多，他的內容不外乎科學與美術」，顯然，科學在他心目中是學問的核心。他大力主張「凡大學必有各種科學的研究所」，他所說的「各種科學」，是指自然科學之外，有社會科學及「人文科學」。他認為「科學的研究，固是本校的主旨：而美術的陶養，也是不可少的」。又說：「合乎於世界主義者，其惟科學與美術乎？」蔡先生說的「世界主義」實指有「普世性」而言，蔡先生甚至認為我們所處的是「科學萬能時代」。如果說董仲舒是第一個「獨尊儒學」者，那麼，蔡元培先生應該是第一個「獨尊科學」者。當然，蔡先生不像董仲舒是要罷黜百家的，反之，他是極力倡導奉行「思想自由，兼容並包」的辦校原則的。事實上，在他手上，中西、新舊學說繽紛並陳，出現了一個「新子學時代」。

六、科學為現代中國的「知識資本」

科學在蔡元培手上登上了大學這個世俗化殿堂的中心位置，但科學成為一種文化意識，乃至形成「科學文化」，則有賴於民初的科學界及五四新文化運動的倡導與推動，蔚成時代的風尚。二十世紀初葉以來，中國學術思想界出現了多個「科學社群」，其中最主要的是 1914 年成立的「中國科學社」，主事者有任鴻雋、趙元任、胡明復等，參與的特別社員有蔡元培、馬君武等，名譽社員包括美國的發明家愛迪生等。這是一群新型學者，有類同的身份意識，相互支持呼應的結社，他們

有共同的語言，共同的存在感、共同的強國與創建新文明的願望。自 1900 年到 1919 年，「科學社群」先後創立了一百多種科技期刊，其中最著名的是中國科學社的《科學月刊》，他們倡導、推揚科學的言論，影響深遠，而五四新文化運動標舉「科學」（賽先生）與「民主」（德先生），因之成為「科學社群」同聲相應、同氣相求的自然盟友。汪暉很敏銳地指出，科學社群與五四新文化運動的人物構成了「科學話語共同體」[12]。我試舉幾位有代表性的言論如下：

中國科學社社長任鴻雋說：

> 現在觀察一國文明程度的高低，不是拿廣土眾民，堅甲利兵作標準，而是用人民知識的高明，社會組織的完備和一般生活的進化來衡量⋯⋯一國之內，若無科學研究，可算是知識不完全；若無科學的組織，可算是社會組織不完全。

王本祥在《科學世界》中說：

> 是故，理科者（指科學），實無形之軍隊，安全之爆彈也⋯⋯生存競爭將於斯卜之，優勝劣敗將於斯觀之。

五四新文化領袖陳獨秀說：

> 今欲學術興、真理明，歸納論理之術、科學實證之法，其必代聖教而興歟？！

12　參見汪暉：《現代中國思想的興起》下卷，北京：生活・讀書・新知三聯書店，2004，頁 1206-1279。

凡此無常識之思維、無理由之信仰，欲根治之，厥推科學……宇宙間之事理無窮，科學領土內之膏腴待闢者，正自廣闊。[13]

科學至上、科學萬能的觀念在「科學話語共同體」的張揚、推廣下成為時代的一個強音。科學不止在知識人，也在一般人的眼中具有了特有的知識的權威性。胡適在 1923 年 11 月的〈科學與人生觀序〉中表示：

這三十年來，有一個名詞在國內幾乎做到了無上尊嚴的地位：無論懂與不懂的人，無論守舊和維新的人，都不敢公然對他表示輕視或戲侮的態度。那個名詞就是「科學」。

誠然，二十世紀初以來，科學已取代經學，成為新時代最重要的「知識資本」。年青一代中的流行語是：「學好數理化，走遍天下都不怕。」

我們知道，科學絕非萬能，「科學等於知識」的科學主義也是一種迷思，但美國哲人懷德海（Alfred North Whitehead）所說，有了科學，人類才進入現代，確是不易之論。五十多年前，我讀到英哲羅素（Bertrand Russell）《科學對社會的影響》一書，至今我還記得他的兩句話：「科學使我們能理解世界，科技（technology）使我們能改變世界。」

13　上述任鴻雋、王本祥、陳獨秀之言論，俱見引於上述汪暉之書。

七、大學與科學的共生體

　　科學在中國的發展是與大學不能分開的，大學與科學是一
共生體。中國的大學不是縱向地從漢代太學承繼過來的，而是
由歐洲橫向地移植過來的。同樣的，科學也是從西方引入中土
的。有意思的是，科學這種知識與大學這個教育制度是清末民
初同時來到中國的。

　　我們知道，科學革命是十七世紀在歐洲發生的，1687 年牛
頓出版的《自然哲學的數學原理》（*Principia*）及 1689 年洛克
（John Locke）出版的《政府論次講》，是科學（自然科學與
社會科學）知識的立基之作。值得注意的是，1662 年與 1666
年英國的「皇家學會」與法國的科學院是歐洲先後成立的「科
學社群」，它們是促進科學研究與發展的新動力，也因此之後
英國有了世界範圍內的第一次「工業革命」（1760—1840）。
這是以機器取代人力、獸力，大規模的工廠生產取代手工業生
產，可稱之為現代首次出現的「科技革命」。但是，應該注意
的是，第一次工業革命卻是與歐洲的大學無關的；英國的工業
革命是在牛（津）劍（橋）大學的門外發生的。科學之進入
大學、大學之成為科學發展的重地是源於十九世紀德國的大學
改革。

　　德國大學的改革，重中之重，如前所述，一方面是取消了
歐洲的「中古大學」的核心《聖經》，另一方面，則以科學作
為新大學的新核心。這是歐洲的「中古大學」走向「現代大學」
的先聲，德國大學也成為了世界各國大學模仿的對象。蔡元培
留學德國，適逢德國大學改革的盛事，他帶回中國的正是他建

構中國現代大學的思想資源。經學與科學並存的京師大學堂在蔡先生制訂的〈大學令〉下改變為「研究高尚學問」的現代型的北京大學，北京大學之取消經學科與德國大學之取消《聖經》是同一精神的，這是蔡先生親任北大校長時，特別提及的。而在蔡先生手上，科學成為大學的知識核心，正是大學走上現代，成為百年來中國現代化的一個知識的重要能源。應該強調的是，西方的科學革命早於中國近四百年，但西方大學之以科學為教研中心，則與中國的現代大學幾乎是同步並進的。中國的大學一開始就具有世界化的性格，因為大學中的科學是具有「普世性」的（蔡先生稱之為世界主義），所以中國大學的學科設計與世界先進大學是接軌的，也可說是同一的（科學如物理、數學、化學等是沒有國籍的，不分國界的）。這也是中國的大學與海外的大學可以有交流，可以有合作的基礎；這也是世界的大學之間為甚麼會有評比，為甚麼會有競爭。大學已成為國力（硬實力、軟實力）的一個反映。

八、科學的發展與中國的崛起

經濟學（哲學）家鮑丁（Kenneth E. Boulding）指出，二十世紀之有特殊意義，在於它在人類史上發生了第二次文明的大轉型，而這次大轉型的基礎動力則是科學（科技）的大發展。鮑丁認為過去科學大都是業餘者的工作成果，只有到了二十世紀，科學才變為全天候的專業化的工作，且構成社會有機組成的一部分。[14] 無疑地，二十世紀的大學，特別是研究型

---

14 參見 Kenneth E. Boulding, *The Meaning of the 20th Century*, N.Y.: Harper Colophon Books, 1964, p.40.

大學，正是在制度上使科學成為全天候專業化研究的重地。二次大戰後，大學在科學的教學與研究上獲得集中性地支持，研究型大學的知識結構已成為社會學家柏森斯（Talcott Parsons）所說的「認知性的知識叢」（cognitive complex）[15]。我曾指出，古代的「大學之道」以求「善」為最高旨歸，今日的大學之道已變為以求「真」為最高旨歸了。[16] 無疑地，科學知識的創新在大學中已取得越來越大的成就。加大柏克萊校區校長寇爾（Clark Kerr）極有洞見地指出，大學已是「知識工業」（knowledge industry）的中心[17]。

中國的大學誕生於二十世紀初葉，在 1919 年五四新文化運動之前，中國就已有一百二十三間不同類型的大學，但在二十世紀中三分之二的時間，因為軍事、政治、經濟等因素，大學的發展明顯地是滯後於世界先進國家的。中國（大陸）自 1949 年以來，與歐美國家處於隔絕狀態，中國的大學與歐美、日本等大學也是脫節的。「文革」十年中，大學甚至面臨存亡續絕之境。1978 年，鄧小平的改革開放，才改變了中國的命運，也改變了中國大學的命運。在「科教興國」的政策下，中國的大學獲得了發展的新機。四十年來，環顧兩岸四地，大學林立。大學在量和質上都有顯著的擴增與進步，不少新、老大學在世界約二萬五千間大學中已位居三百、二百，甚或百間之列。這可說是亞洲升起、中國升起的大風景中閃閃亮

15　T. Parsons, Some Consideration on the Growth of the American System of Higher Education and Research, J. Ben-David & T. N. Clark eds, *Culture and Its Creators*, Chicago: University of Chicago Press, 1977, pp.276-277.

16　參見金耀基：《再思大學之道》，香港：牛津大學出版社，2017。

17　參見 Clark Kerr, *The Uses of the University*, N.Y.: Harper Torchbooks, 1966, p.58.

點。的確，大學地位之上升，正顯示科研素質之上升，也反映了國力之上升。著名史學家弗格遜（Niall Ferguson）在他一本講文明興衰、競賽的書中說：「自 1995 年以來，中國（大陸）發明家獲得的新專利數量已成長為原來的二十九倍，這是東方崛起的一項表徵」。又說：「西方衰退而東方崛起最具說服力的證據是教育」。[18]

九、科學與中國現代文明的建構

百年前，中國的學術之變，由經學轉向科學。自此，經學時代結束，科學世紀於焉開啟。科學因而取代經學，登上大學知識殿堂的主位。百年以來，科學的發展雖歷經坎坷起伏，但在近半個世紀裏，大學的發展與社會經濟的發展，交相互映，出現了中國現代化前未之見的新貌，而科學亦隨大學之上升而上升。時至今天，大學與科學這個共生體已是中國崛起的象徵，也是構建中國的現代文明的根本能源。

18　Niall Ferguson, *Civilization: The West and the Rest*, New York: The Penguin Press, 2011. 中譯本為尼爾·弗格遜著，黃煜文譯：《文明：決定人類走向的六大殺手級 Apps》，台北：聯經出版事業公司，2012，頁 395。

中國現代政治文明的探索

從民本到民主的歷史之路*

中國古典政治文明的歷史轉型

中國與巴比倫、印度、埃及並稱開化最早的世界四大古文明，德國哲學家耶斯培（Karl Jaspers）稱中國與希臘、印度、近東為「軸心期文明」之一。三千年來，中國一直以一獨特自足的文明姿態挺立於東亞。秦漢之後，中國文明有三個主要組成，一是農業性的社會經濟，二是帝國型的君主制政治，三是以經學為核心的儒家文化。這個古典文明自秦漢到明清，垂二千年，雖代有損益惟基本性格不變。但到了十九世紀中葉，

---

*　本文係 2015 年 5 月 19 日台灣中央大學「余紀忠先生講座」講稿。

西方帝國主義以炮艦轟開中國大門，清廷一敗再敗，屢簽城下之盟。天朝傾圮，清廷被逼放棄了一向以中國為中心的天下秩序觀，並接受了一個歐美主導的全新的世界秩序。[01]

當時有識之士如李鴻章、嚴復都驚覺這是中國「三千年未有之變局」。在此大變局下，數代的朝野精英，自清末到二十世紀到二十一世紀初，先後展開了從救亡圖存到尋求富強，進而創建中國現代文明的種種努力。這種種努力可以「中國的現代化」事業來概括，舉其犖犖大者言，如洋務自強，維新改制，辛亥革命，創立「中華民國」，五四新文化運動，北伐，國共合作抗日。在此，我特別要指出，抗日勝利，二次世界大戰結束後，爆發了國共內戰，1949 年中國共產黨建立「中華人民共和國」，國民黨敗退台灣。自此，在世界冷戰格局下，國民黨與共產黨分別在台灣與大陸展開了不同形式的現代化之路。

國民黨退守台灣之初，整軍經武，一切以軍事為先，但未幾即以建設台灣為重心。五十年代開始實施和平的土地改革，創立了整個亞洲最合理的農業格局，與此同時，一個以工業化為核心的經濟現代化也及時的次第開展。到了七十年代後期台灣已躍身為「亞洲四小龍」之一，而八十年代繼經濟奇跡後，又開啟了中國歷史上第一個憲政民主制度，台灣在半個世紀中無疑譜寫了一個現代化的生動故事。在中國大陸，中國共產

01　參看基辛格 Henry Kissinger 著，胡利平等譯：《論中國》，北京：中信出版社，2012，頁 50。

黨於共和國初期頗具新氣象，取消外國特權，制約貪污，婦女解放，1953 年推出第一個五年計劃，工業化是有成績的。但 1958 年起，毛澤東發動「大躍進」，颳起共產風，快步走上公社化。1966 年更爆發長達十年的無產階級文化大革命，毛之烏托邦式的左傾激進主義顯然是對現代化進程的大逆轉。直到 1978 年，鄧小平倡導「改革」與「開放」，推行「四個現代化」，中國才回到百年現代化的軌道。三十餘年來，中國大陸出現了翻天覆地的變化，今日中國已是一工業化大國，且成為世界第二大經濟體。

中國現代化是一多面向的社會大轉型，它涉及到器物層次、制度層次及思想文化層次的變化。[02] 在過去一百五十年中，從實際的經驗現象中，可以看到中國現代化有三個主旋律。即（一）從農業型的社會經濟轉向工業型的社會經濟；（二）從帝國型的君主專制轉向民族國家型的共和民主；（三）從以經學為核心的學術與文化轉向以科學為核心的學術與文化。中國現代化這三個主旋律所引發的社會大轉型，事實上，不折不扣的也是文明大轉型。所以，我曾強調中國現代化的終極願景是建構一個中國的「現代性」，也是中國的現代文明秩序。[03] 誠然，當前我們還處於文明大轉型的過程中，中國的現代文明還未完成，特別是現代的政治文明。此所以我以「中國現代政治文明的探索」作為我的講題。首先，我要講中國古

02　金耀基：《從傳統到現代》，1966，增訂版，2010，北京：法律出版社，頁 123-129。
03　金耀基：《中國現代化的終極願景》，上海：上海人民出版社，2013。

典的政治文明的特性，再申述從民本政治到民主政治的歷史之路。

中國古典政治文明之特性

秦併吞六國，結束了先秦政治多元局面，而成為天下一統之國。自此中國出現一統性的國體[04]，亦以此，中國與歐洲之列國並立者大異[05]。而自秦漢之後，中國的政體即是一帝國型的君王專制，亦即以君主為政治中心的制度。君主制有一個君主直接掌控的中央集權的官僚結構（自中央直達縣級），這是法家式的統治形態，這個統治形態為漢代（及此後歷代王朝）承襲，漢代因董仲舒之倡，獨尊儒學，儒學成為國家的意識形態，從而儒學文化與法家的統治結構相結合。漢宣帝自謂「漢家自有制度，本以霸王道雜之，奈何純用德教，用周政乎？」（《漢書・元帝紀》）生動地說明了中國傳統政治之複雜性。我想指出，儒學自與皇權結合後，先秦孔孟的儒學已變為「制度化儒學」（institutional Confucianism）[06]，「制度化儒學」是「制

04　呂思勉：《中國制度史》，上海：上海教育出版社，1985，頁 443。

05　Geoffrey Barraclough, *Turning Points in World History*, London: Thames & Hudson Ltd, 1977.

06　「制度化儒學」（institutional Confucianism）的概念是我在 1989 年的論文 "The Role of Political Tradition in the Evolution of Democracy in China: Continuity and Change in Institutional Confucianism" 首次提出的。該論文是提交給由 The Pacific Cultural Foundation, R.O.C. 與 The Carnegie Council on Ethics and International Affairs, USA 聯合主辦的「中國民主制的演進」國際討論會的論文，December 13-15, 1989, New York.

度 — 文化」的複合體，它包含表徵皇權的「天子制」，以儒士為骨幹的官僚體系，以及規範「政治 — 社會」的三綱五倫的儒家文化。「制度化儒學」實際上亦是「國家儒學體系」（state Confucianism）。這是「政」「教」合一的政治體制，但這裏的「教」不是歐洲的「宗教」，而是儒家「教育」。我們知道漢之「太學」（以後有國子監）為國家養士之所，隋之後的科舉制是國家選才之制，而教育與考試都以儒之經學為核心。故政、教合一的「國家儒學體制」，使中國傳統政治具有一定的儒家文化的色彩。

在「國家儒學體制」下，中國的君主是「世俗權威與精神權威均操在一人手中」[07]。史華茲指出皇權對於社會政治有着「無所不包的統轄權的宣稱」[08]。普遍王權充分體現在「普天之下，莫非王土；率土之濱，莫非王臣」的說法上。德國社會學家韋伯指出，存在於歐洲國家之外的那些「強大的獨立力量」在中國是見不到的。[09] 他更提及「中國的城市」其實是皇權的堡壘，它在政治方面所享有的形式保障比鄉村還少。[10] 的確，中國城市是中央行政管理之產物。城市是一個行政實體，而不是一個政治社會或市民社會。[11] 徐復觀指出，中國專制制度之

07　Max Weber, *The Religion of China: Confucianism and Taoism*, trans. by H.H. Gerth, N.Y.: Free Press, 1989, p.38.

08　Benjamin I. Schwartz, *The World of Thought in Ancient China*, Cambridge, Mass.: Harvard University Press, 1985, p.413.

09　Weber 著，頁 62。

10　Weber 著，頁 15。

11　Weber 著，頁 16。

原型有一個顯著特徵，即是「在專制政治下，因為一切人民，皆處於服從之地位，不允許在皇帝支配之外，保有獨立乃至反抗性之社會勢力」。他強調說，「皇帝的權力沒有任何立法的根據及具體的制度可加以限制⋯⋯無任何力量可對皇帝的意志能加以強制。這才是我國所說專制的真實內容。」[12] 在這裏，我們應該指出，在傳統中國，「國家」是遠遠強於「社會」的，社會從未有過自主性。我們尤應注意，儒家對於內聖外王這一套修身，齊家，到治國平天下的「政治設計」，確實高明精微，但儒家對於君主專制的政體從未有過另類想像，儒家只期望能「致君堯舜」，使君主能成為有最高道德的「聖王」，使政治變成「道德良治」。但兩千年來，「聖王」難見，「王聖」則比比皆是，故歷代治亂相循，而「三代」之治始終沒有出現過。宋大儒朱熹感嘆說：

> 千五百年之間，正坐為此，可以只是架漏牽補過了時日，其間雖或不無小康，而堯舜三王周公孔子所傳之道未嘗一日得行於天地之間也。[13]

朱熹之後，又一千年，中國的「國家儒家體系」經明代罷相後，皇權更威，更獨斷，更不見有「聖王之治」了。

不過，儒學在中國傳統政治上，仍發生過重要影響，特別是儒家的「民惟邦本」（《尚書》），「民貴君輕」（《孟子》）

12　徐復觀：《西漢思想》，台北：學生書局，1978，頁 142、152、154。

13　見錢穆：《朱子新學案》，第一冊，頁 414。

的民本思想，梁任公道：

> 要之，我國之有力的政治思想，乃欲在君主統治下，行
> 民本之精神，此理想雖不能完全實現，然影響於國民意
> 識者甚深。[14]

　　的確，堅持儒家以民為本的文化價值的儒吏與士人代不
乏人。儒家在統治設計上，用心最多的是如何治理得好而不
是甚麼樣的統治形式，如牟宗三所說，儒家所着力的是「治
道」，而非「政道」。[15] 余英時論漢代循吏說，循吏在維護政
治秩序之外更在建立儒家的文化秩序。[16] 誠然，中國兩千年
來，歷代都有酷吏、庸吏，但亦大不乏依儒家理念，以民為
本，為民造福的循吏、良吏。中國或許從未成為一「儒者之
國」，但儒學的價值觀，特別是民本思想不能不說在一定程度
上減殺了傳統專制政治之毒害。究實而言，中國二十五史的政
治，不能單單以「專制黑暗」四字目之，中國的君主專制間中
亦有「開明專制」（enlightened despotism）者。恐非偶然，
十八世紀歐洲啟蒙大師伏爾泰（Voltaire）對中國之國家治理甚
表禮敬，重農學派的奎士尼（Francois Quesnay，1694－1774）
著有《中國的專制政治》（1767）一書，他向當時法國人推薦中
國傳統「王道」式君主專制的模式，進行歐洲改革。[17] 中國古

14　梁啟超：《先秦政治思想史》，頁 5。

15　牟宗三：《政道與治道》，台北：廣文書局，民國 63 年（1974）。

16　余英時：《中國思想傳統的現代詮釋），台北：聯經出版事業公司，1987，頁 187-258。

17　鮑紹霖：《文明的憧憬：近代中國對民族與國家典範的追尋》，香港：香港中文大學出版社，1999，頁 11。

中國民本思想

無疑地，中民本勢重民貴如熱是撑

遺中國新文明得意⋯⋯重要組

戈，十九世紀中國現代思想的先覺

者黃遵憲在一封致梁啟超的信

中說：

太平世必主民主

真是一字千斤的不易之諭至中國

走向太平世的長路上，傳兒為民本

思想不仅是一盞明灯，但都是代

極為珍貴的文化資源。

節錄二〇〇八年北京法律

出版社出版公中國民本思

想之首序

千禧十八年丙戊秋冬三文

金耀基

典的政治文明，因有民本思想，使君主專制之政治固得以緩和，但儒家對「三代」遠古的憧憬，始終未能實現於中國。我必須強調，兩千年來，國人對傳統的君主專制政體，始終沒有另類想像，只有當中國屢敗於西方後，才開始有新政體的探索，也即有新的現代政治文明的探索。

中國新政治文明之探索

對新的政治文明的尋求是中國第二波的現代化運動（也即康、梁的維新變法）的主題。甲午一戰，清廷敗於扶桑三島的日本，朝野精英開始有感非有政體之革新，不足以圖存求強，對政體的另類想像是兩千年來第一次碰到的政治大課題。簡言之，當時有主張君主立憲之改革派與主張共和民主的革命派。改革派與革命派雖有路線之爭，但兩派卻有共同的見解，即滿清帝國型的君主專制之制是落伍的、腐朽的，必須更替的，並且應改採「民主」之制。兩派都不止認為實行民主是為中國之救亡圖強，並且也視民主是中國應尋求的政治文明的要素與指標。很明顯的，英國與法國專制是君主立憲與共和民主的典範，歷史顯示，君主立憲一度曾是一個真實的選項，但自清廷成立「皇族內閣」後，清廷不啻自絕了體制內的革新之路，而辛亥首義就成為體制外的共和革命的唯一出路了。辛亥革命是中國兩千年政治上的最大變局，中國自此成為一個「沒有皇帝的中國」。誠然，從歷史實際的發展看，天命式的皇權系統是崩解了，但孫中山所說「四萬萬中國人都是皇帝」的共和民主的現代政治秩序卻沒有建立起來。從辛亥革命那一天起，中國

在統治上就出現了「權威危機」（authority crisis）。之後，接連發生的帝制復辟，第二次革命，軍閥割據，國民黨北伐，一切都依武力為後盾的「權力」（power）建立「強人」政治的秩序。值得指出的是，在二十世紀的「權威危機」的情況下，中國出現的兩個革命政黨（即中國國民黨與中國共產黨），皆是現代的產物，皆有以「解放」為主調的意識形態，但兩黨都是武力集團，兩黨都以建國（state-building）為目標，亦即在建立一國家範圍的政治權威。最堪注意者是，1912 年孫中山領導的革命政黨（國民黨）創建的是「中華民國」（Republic of China），1949 年中國共產黨創建的是「中華人民共和國」（People's Republic of China）。兩個革命黨都是建立以「人民」為主體的「共和民主」的現代政治秩序為鵠的。在這裏，我們如果從二十世紀的世界範圍來看，就會發現，建立以「人民」為主體的共和民主的政體，乃是一世界性現象。班尼狄克斯（Reinhart Bendix）指出，二十世紀的新國家，必須「在一種新的基礎上」建立政府，並把「人民」作為權威的終極源泉。[18] 而就中國來說。傳統的「民本」政治走向「民主」政治是一條當然的歷史之路。

台灣的「黨國體制」的民主轉化

上面已提到，1949 年是中國現代史上一個重要的年份。這

18　Reinhart Bendix, *Kings or People*, Berkeley: University of California Press, 1978, p.602.

一年起，在長達近半個世紀的世界冷戰格局下，中國共產黨與中國國民黨隔着台灣海峽，分別在大陸與台灣實施國家主權型的統治。關於台灣政治民主的轉化，我曾有論述[19]。在這裏，我着重討論作為一個革命政黨的國民黨如何民主轉化，特別是黨國合一的「黨國體制」如何民主轉化的問題。我們知道，中國國民黨是以革命手段推翻滿清，建立民國的。它的革命進程是從以黨建國到以黨治國的。1924 年，國民黨接受蘇聯顧問建議，成為一列寧式的政黨。因此，國民黨的「黨國體制」與共產黨的「黨國體制」有本質上的近似性（我稱前者是柔性的，後者是剛性的）。革命政黨有排他性，黨國可以有附從性的「友黨」，但容不了有站在對立面的競爭性的政黨。在這個意義下黨國體制理論性地排拒了西方式競爭性的政黨政治。在馬列主義中，除了馬克思的未來式的「國家萎去」論，馬、列都沒有政治發展的範式性理論，反之，國民黨宗奉的孫中山的政治理論，卻有一個有實踐智慧的政治發展的階段論，即從「軍政」到「訓政」到「憲政」的三個階段，最後是以實現憲政民主為鵠的。這個政治發展階段論，預設了還政於民，「黨」從「國家」退出的退場機制。

誠然，國民黨在大陸，乃至到台灣後的五十、六十年代，一直處於軍政、訓政階段，亦即黨國是一威權式的統治形態。

---

19 Ambrose Y.C. King, "A Nonparadigmatic Search for Democracy in a Post-Confucian Culture: The Case of Taiwan R.O.C", in Larry Diamond ed., *Political Culture and Democracy in Developing Countries*, Boulder: Lynne Rienner, 1993, pp.131-154. 中文譯為《後儒學文化中的民主探索》，參見金耀基：《中國政治與文化》，香港：牛津大學出版社，2017。

國民黨是島內唯一的合法的政治力量。事實上，台灣的土地改革，三個工業化的五年計劃，黨國始終扮演了主導與催化的角色。七十年代，台灣已躍居為「亞洲四小龍」之一，成為一新興的工業社會。無可諱言，台灣以工業化為核心的經濟現代化，自覺與不自覺地走上了市場主導的資本主義，一個富於生命力的市場越來越得到獨立於黨國的發展，六十年代，48%的工業產量來自公營企業，到八十年代，這個比率已降低到14%。這個不斷發展的市場經濟越來越有自主性，而與之同步出現的是一個越來越有活力與自主性的「社會」，特別是一個擁有財富的台灣籍的企業家階層靜靜地出現了，白魯恂（Lucian W. Pye）說這在台灣造成了一個中國政治文化的根本性變化。[20] 到了八十年代，台灣湧現各式各樣的社會運動，諸如環保運動、勞工運動、婦女運動等等，我們看到了「國家」與「社會」新的互動關係。1972年，蔣經國出任行政院長，積極推行「台灣化」政策，台灣籍的精英受到積極鼓勵進入政治。1983年，台灣人士在中央（行政院）、省和縣級的決策機構中的人員比例中分別為40%、75%與100%。九十年代，國民黨有兩百萬黨員，其中75%為台灣籍，「黨國」體制可說已「台灣化」了。須知，黨國的台灣化並不是黨國的民主化。黨國體制一直是「一黨獨佔」的威權形態。但是，自五十年代起，省和縣兩級不止已有選擇，並且已經有一大批非國民黨的獨立人士進入政壇，1969年後，中央一級的民主機構（國

20　Lucian W. Pye, *Asian Power and Politics: The Cultural Dimension of Authority*, Cambridge, Mass.: Harvard University Press, 1985, pp.232-236.

民大會、立法院）也開始有非國民黨的人參與選舉，所以七十年代以後的台灣政治制度被概括地稱為「一黨加獨立派」的制度[21]，此我所以把國民黨的「黨國體制」稱為「柔性的黨國體制」。很顯然的，它是受到孫中山的政治發展理論影響的．不過我們仍不能不說，台灣的黨國體制當時是不允許組建任何新政黨的，國民黨的「霸權」地位並未動搖。但是，自七十年代以來，在上面已指出，台灣因迅猛的經濟發展已引發出一個新的政治生態，台灣人口中 30% 已晉身為中產階層（六百萬人），他們對政治是有改革的傾向性的，台灣的社會已越來越多元性，政治的一元性已不復適應社會的新情勢。事實上，黨國體制內的精英，甚至領導層已不乏有同情或甚至傾向民主開放的（就我所知，余紀忠先生就是其中一位）。

1977 年的中壢事件和 1979 年高雄事件，固然是在野的激進的民主人士向黨國權威的抗爭，但深一層看，則更象徵着一個日益具有自主性的台灣「社會」對黨國體制的抗衡。客觀地說，台灣自七十年代以來出現的新政治生態，黨國體制已面臨一個變與不變的關鍵性時刻。當然，在這關鍵性的時刻中最關鍵的人物是蔣經國。1975 年蔣介石去世後，蔣經國已是黨國體制不爭的領導人，他不止承襲了蔣介石的權威，他更憑親民的作風與實際的政績，贏得了台灣人民的信任與認同。蔣經國對台灣的政治脈動是清楚有感的，他說：「時代在變，環境在變，潮流也在變。」1985 年 12 月他在國民大會的一篇講

21　John F. Cooper, "Political Development in Taiwan", in Hungdah Chiu ed., *China and the Taiwan Issue*, New York: Praeger, 1979, pp.37-73.

話，有力地回應了海內外關心的兩個問題，（一）就總統繼任者言，蔣氏家人「不能也不會」競選下一任總統；（二）就國家統治形式言，「不能，也不會，是軍政府形式」。[22] 這強烈透露了他對台灣民主化訴求的同理心。三個月後（1986 年 3 月）在國民黨十二屆三中全會中，蔣經國明白地表示，黨國的立憲民主的長期目標的時機已經成熟。10 月 17 日，他更運用個人的威望，在國民黨中常會中，通過接受了他的兩項改革議事，第一，廢除戒嚴法；第二，廢除對組建新政黨的禁令。無疑的，這是中國民主發展史上的歷史性突破。而 9 月 28 日，黨外人士在國民黨改革議案通過前，自行成立了「民進黨」，蔣經國也決定容忍新成立的反對黨。也因此，我們在台灣見到了「一黨政治」的結束，「黨國體制」也退出了歷史舞台。[23] 孫中山的憲政民主的理念成為事實，中國政治於是從「民本」走上「民主」的歷史之路。

22　我在 1986 年 1 月 17 日《中國時報》發表一篇〈經世濟國之言〉的政論文章，評論蔣經國的重要宣佈。收入金耀基的政論集《中國人的三個政治》，遠見叢書，台北：經濟與生活出版事業股份有限公司，1988，頁 23-30。

23　台灣的「黨國」體制之轉化出民主一事，誠然有一個社會結構性的因素，即因台灣之成功的經濟現代化造成了一個日漸取得自主性的「社會」，從而對文化的黨國體制發生了一個促使開放的壓力。但是，台灣的民主化不能以經濟發展的機械的決定論來解釋。台灣的黨國體制之轉出民主，根本性的是黨國的一個「自我轉化」，這個「自我轉化」則有賴於政治領袖之智慧與識度。長期研究政治發展的亨廷頓說得十分真切，他說以「經濟發展使民主可能，政治領袖使民主成為事實」。見 Samuel P. Huntington, "Democracy's Third Wave", *Journal of Democracy*, Spring, 1991, p.33.

現代政治文明的核心——民主

自晚清維新運動起，朝野知識精英就開始探索中國現代文明的新形態，辛亥革命，建立民國，共和民主乃成為中國現代政治文明的符號，新文化運動更以「民主」與「科學」作為建構中國現代文明的核心價值。百年中國現代化的大業中，民主是政治現代化的中心目標，所以，上世紀八十年代台灣和平地完成了「黨國」民主轉型，走上憲政民主之路，實中國歷史性的大事件。值得一提的是，台灣實現民主之時，正是亨廷頓所說民主的「第三波浪潮」（the third wave），他說從 1974 年到 1990 年間，至少有三十個國家相繼轉向了民主體制。[24] 當然，1989 年因蘇聯的崩塌是西方世紀性的勝利。福山（Francis Fukuyama）發表了〈歷史的終結〉的著名論文，文中他說，我們或許正目睹着「人類的意識形態演進過程的終點，西方的自由民主政體將作為人類最後的政體形式而得到普遍實現」。[25] 福山對「自由主義的民主」（liberal democracy）的樂觀是被歷史澆了冷水了。倒是亨廷頓在宣稱民主化的「第三波浪潮」時，曾告誡民主化的第三波之後可能會出現第三次反民主浪潮，果然，在進入二十一世紀後，民主就出現衰退現象了。美國《民主季刊》（*Journal of Democracy*）主編戴蒙（Larry Diamond）在 2008 年撰文指出全球進入民主蕭條

24　見上注 Huntington 文。

25　Francis Fukuyama,"The End of History", *The National Interest, No. 16*, Summer 1989, pp.3-18.

期（democratic recession）的警告，眾多新興民主國家，雖有民主的門面，但治理渙散，軍隊濫權，法治不彰，民主內涵大程度上被腐蝕或掏空，民主還稱民主，但已成為一種「劣質民主」。

2010 年年底陸續湧現的「阿拉伯之春」，一時遍地開花，民主之聲傳響世界，但 2013 年開始，從開羅、基輔到曼谷，這些新興民主體制就一個接一個土崩瓦解。[26] 在世界範圍其實這已不是第一次在對民主亢奮之後，接着出現了對民主之質疑與失望。

就台灣來看，自黨國體制民主轉型後，台灣已進入世界「自由民主國家」之行列，但自民主化之日起，台灣的民主政治就幾乎狹化為「選舉政治」，而因國家認同的分裂、朝野兩黨之競爭輒成為超越民主常軌的惡性之鬥，並激化社會的撕裂與二極對立。至於國家的治理品質，從行政立法到司法的表現，每每令人扼腕，而最讓國人失望則是象徵「代議政治」的民主殿堂——立法院的「失序」（朝野兩黨議員角色之失位與混淆）與「無序」（2014 年「太陽花運動」佔領立法院，中斷民主運作）。台灣的民主政治雖然未完全淪為第三世界國家的「劣質民主」，但顯然未能符合國人對民主之期待。事實上，台灣的民主體制在新世紀之初已經在國人眼中「脫魅」了。胡佛與朱雲漢共同主持的「亞洲民主動態調查」跨國比較研究計劃所得到的調查數據顯示，在 1999 年的全島性調查時，

26　我此處所講述民主蕭條期中民主大退潮現象，請參見朱雲漢：《高思在雲：一個知識
　　份子對二十一世紀的思考》，台北：遠見天下文化出版股份有限公司，2015，頁 65-67。

有 54％ 的受訪者同意「無論怎樣，民主體制總是比其他政府體制來得好」（這是邱吉爾名言的表述）這種意見。到了 2001 年（政黨輪替之後一年）再調查，只有 49％ 的民眾同意這種看法。2014 年（已經第二次政黨輪替）的調查中，相信民主體制總是比其他政府體制來的好的比例也只有 45.7％。[27] 這表示今日已只有不到一半的台灣人民相信民主政治的優越性了。

台灣人民在認知上對於民主體制優越性所持的保留態度顯然是與台灣迄今為止的民主實施狀況的不理想是有關的。必須指出，台灣走出「黨國」威權體制不過三十年，台灣還是一個年輕的民主體制。誠然，台灣從民本走上民主乃是中國歷史的應然與已然之路。台灣的未來的政體抉擇，民主之外，別無選項。[28] 我已提到中國一百五十年的現代化，其終極目標是建構一個中國的現代文明秩序，而中國的政治現代化的終極目標則是建構一個以「民主」為核心的中國政治現代性，也即中國現代的政治文明秩序。以此，尋求中國現代的政治文明也就是在

27　見上注朱雲漢書，頁 254-255。

28　我說「民主之外，別無選項」，在這裏我必須指出，我此處所指「民主」非福山所講的「自由主義的民主」（liberal democracy）。福山的「自由主義的民主」是以個人主義為基礎的，「個人對社會具有一種概念上的，本體上的優先性」，它與古雅典的民主政體是以共同體意識為基石者不同。而雅典民主政體留給後人的遺產便是「民治」的概念。中國及亞洲有些國家（如日本與印度）並沒有「個人主義」的文化背景，中國及亞洲的民主（民治）以是「非個人主義」為基礎的民主。我於 1995 年 1 月 9 至 21 日在夏威夷由夏威夷大學與東西文化中心合辦的 Seventh East-West Philosophers' Conference 中發表了 "Confucianism, Modernity and Asia's Democracy" 的論文，便討論這個問題。原文中譯為〈儒學、現代性與亞洲民主〉，收入金耀基：《中國政治與文化》，香港：牛津大學出版社，2017。

民土的實踐中不斷完善民主。的確，台灣要在民主上修成正果，只有通過一步一腳印的民主實踐。在實踐中，戒慎戒懼，決不讓台灣的民主淪為民粹式的「劣質民主」，在實踐中，不懈不怠，充分實現一個有健全法治為依託的、「自由的秩序」的正常民主。

中國現代政治文明的探索：從民本到民主的歷史之路

簡論蔣廷黻其人其書*

一

蔣廷黻，民國一代學人，半生治學，半生從政，一生游走於學術與政治之間。所著《中國近代史》是傳世名篇，讀其書不能不知其人，知其人不能不讀其書。

二

1938 年，蔣廷黻發表《中國近代史》一書，時年四十三歲。此書一出版，即廣受知識界的重視。翌年，商務印書館印第二版，同一年，重慶青年書店又重印。應指出者，蔣氏出書之年正值七七抗日戰爭爆發的第二年，是一個非常的時期，

---

* 本文係為武漢崇文書局「名家中華史系列」之蔣廷黻《中國近代史》一書所作之導言。

蔣廷黻亦正以歷史學家的身份在書中表達了抗日終必勝利的看法。這在當時國家處於危亡絕續的時刻，此書很起了安定與振奮民心的作用。此書之後，蔣廷黻未再用筆撰寫歷史，而是全身參與到抗日聖戰，與國人一起以血汗譜寫中國的歷史新章了。

蔣廷黻一生志業，分屬「學術」與「政治」兩個世界。1935 年，蔣氏從學術世界進入政治世界。這一年，他離開清華大學，受蔣介石之邀請，出任行政院政務處長，次年，被派任駐蘇大使，從此走上「學人從政」的不歸之路。1938 年 1 月離任駐蘇大使，等待 5 月重任行政院政務處長。期間，蔣氏在漢口難得有了三個月的「安逸」，便應陶希聖、吳景超、陳之邁的邀約，為「藝文叢書」寫了一本五萬字的小書，《中國近代史》就是這樣誕生的。

1938 年撰寫《中國近代史》後，一直到抗日勝利之日，他無一日離開過公務員的崗位，在烽火連天的抗戰期間，就沒有了提筆著書的可能。事實上，抗戰結束之後，蔣氏也是無縫接軌地先後被任命為行政院善後救濟總署署長（1944 — 1947），常駐聯合國代表（1947 — 1961），駐美大使（1961 — 1965），直到 1965 年 5 月退休。蔣廷黻從「政治世界」退出後，原計劃重回到前半生的「學術世界」。首先，蔣氏應美國哥倫比亞大學之約作口述回憶錄。之後，他計劃到台灣中央研究院，以餘年完成畢生之願，完成中國近代史之大書。但不幸的是，在蔣氏退休之年（1965）的 10 月，他的口述回憶錄僅完成三分之二，便因癌病長離人間。當然，撰述中國近代史大書的宿願就成了蔣廷黻的一生憾事，也因此，1938 年撰寫的《中國近

代史》這本五萬字的小書，便成為民國一代學人蔣廷黻留世的代表性著作了。

三

1949 年 7 月，台灣的啟明書局將蔣廷黻 1938 年的《中國近代史》重排出版，蔣廷黻為此書寫了一個「小序」，並把書名改為《中國近代史大綱》。他在序中說：

> 我在清華教學的時候，原想費十年功夫，寫部近代史。抗戰以後，這種計劃實現的可能似乎一天少一天。我在漢口的那幾個月，身邊圖書雖少，但是我想不如趁機把我對我國近代史的觀感作一個簡略的初步報告。這是我書的性質，望讀者只把它作個初步報告看待。

從小序中，我們注意到蔣氏希望讀者把此書看作他心中要寫的中國近代史的一個「初步報告」。顯然他是有計劃寫一部詳盡完整的中國近代史的大書的。他的好友陳之邁說：「廷黻一生最大的志願是撰著一部具有權威性的中國近代史，作為傳世之作，即西洋人所謂 *magnum opus*。這本書在他當教授時研究工作尚未完成故不能寫，在他任官一段長時間他沒有閒暇寫，在他退休以後，蒼天沒有給他機會寫。」[01]

01　陳之邁：《蔣廷黻的志事與平生》，傳記文學叢書之四，台北：傳記文學出版社，1967，頁 140。

蔣廷黻心中的中國近代史的定本已是一個永遠無法實現的心願，這當然是蔣廷黻一生的遺憾，也是中國史學界的一大遺憾。但是，遺憾誠遺憾矣，《中國近代史》這本小書絕不因它是「初步報告」而失去了它的學術聲光。事實上，這本小書已確立了蔣氏作為一個史學家的地位。1958 年，蔣廷黻被選為中央研究院第二屆院士，他是研究中國近代史學者中成為中研院院士的第一人。這無疑是當年中國史學界對蔣氏的史學成就最大的肯定。1964 年，在蔣氏逝世前一年，台灣中央研究院近代史研究所所長郭廷以教授推許蔣廷黻在中國近代史研究上是一位開創新風氣的「開山人物」。郭廷以說：

> 近代中國史的研究，蔣先生是個開山的人。近四十年來，蔣先生在這方面最大的貢獻是開創新的風氣，把中國近代史研究帶入新的境界，特別是給我們新的方法與新的觀念。[02]

在這裏我想插句話，郭廷以與蔣廷黻先生有三十年的交往，郭廷以說：

> 1929 與 1930 年，屢聆羅志希（家倫）、蔣廷黻兩先生縱論近代中國史研究之問題，欣悉擬合撰一書，囑為襄助。編者時正纂輯近代史中國長編，不自度量，許以追隨。其後，羅蔣先生以任重公忙，無暇及此⋯⋯1960 及

02　引文見劉鳳翰：〈蔣廷黻博士對中國近代史上幾個問題的見解〉，傳記文學叢書之七，台北：傳記文學出版社，頁 27。

1963 年，廷黻先生舊事重提，殷殷以三十年前宿願相勖勉，因之復為心動，惟終懼力不能勝，遲疑未決，而廷黻先生作古。[03]

郭廷以最後自己完成的巨作，也成為中國近代史公認的大匠。

郭廷以先生對蔣廷黻在中國近代史研究上的地位的評價，很有些像學術界推崇胡適的《中國哲學史大綱》上卷在中國哲學史研究上的開創新風氣的「開山」貢獻。蔣廷黻與胡適都是民國時期留學美國的著名學人，胡在北大，蔣在清華，二人氣味頗為相投。胡蔣二人早在留美期間即有交集，返國後，還共同倡辦《獨立評論》，不過，二人的事業路徑畢竟不同，胡適雖曾一度出任駐美大使，但一生都立足學術界，而蔣廷黻的後半生就獻身於政治，終其身是一學人外交家了。

四

蔣廷黻的《中國近代史》在 1949 年後的大陸長期隱失了。1978 年鄧小平的改革開放為中華人民共和國開啟了歷史新運會。史學研究從機械的馬克思階級史觀中漸次得到解放。1987 年，蔣氏此書刪節本在湖南嶽麓書社的《舊籍新刊》中重印問世。陳旭麓先生在重印前言中說重印的宗旨在於「存史存文」。此後，上海書店、上海古籍出版社先後重排出版。2014

03　見郭廷以：《近代中國史綱》之〈小記〉，香港：香港中文大學出版社，2019。

年，歷史學者沈渭濱教授更出版了《蔣廷黻著〈中國近代史〉導讀》的專書[04]，沈渭濱教授說：「一部學術著作，經歷半個世紀以上時間的汰沉而仍備受後人垂青，足以說明它已為社會認同，成了代表一個時代的學術精品」[05]，我個人更認同沈教授所說：「這部五萬字的著作是他（蔣廷黻）對中國近代史整體思考的集中體現。」[06]

寫到這裏，我們已很了解蔣廷黻的《中國近代史》雖屬「初步報告」，但絕非即興之作。我們可以說，這是蔣氏謀定後動，厚積薄發的「牛刀初試」。事實上，蔣氏撰寫《中國近代史大綱》之前，已有一長時期的準備、醞釀、積澱。這就可追溯到蔣廷黻前半生讀書求學，教書治學的經歷了。

1912 年，辛亥革命後一年，蔣廷黻乘船赴美留學，先在派克學堂，1914 年到歐柏林學院（Oberlin College）主修歷史學，經歷了四年美國的自由教育。1919 年進入哥倫比亞大學研究院攻讀博士學位，蔣氏在回憶錄中說：「哥大是我留西洋的最後目標。」[07] 蔣氏在哥大，他的研究興趣從新聞轉到政治，最後則選了歷史。他的歷史識見與史學功夫是在哥大奠定的。對他影響最大的是他的論文導師海斯教授（C. J. H. Hayes）。海斯主講的「歐洲近代政治社會史」，使他明瞭工業革命對社會經濟所起的巨大變化，這使蔣之對中國近代化中洋

04　沈渭濱：《蔣廷黻著〈中國近代史〉導讀》，上海：華東師範大學出版社，2014。

05　沈渭濱著，頁 28。

06　沈渭濱著，頁 26。

07　蔣廷黻：《蔣廷黻回憶錄》，傳記文學書系，長沙：嶽麓書社，2017，頁 84。

務自強運動有了一個有力的考察點，海斯的《族國主義論叢》一書，使他對於當時孫中山革命所倡導民族、民權、民生主義的理論與國家建設的構思，更有了一定的理解與認同。

　　1923 年，蔣廷黻自美返國，他被南開大學聘為歷史系教授，在歷時六年之中，他一心於中國外交史的教研，並特別着力於蒐集整理中國外交史資料。哥倫比亞大學的歷史研究方法一科，使他在史料選擇編輯上得心應手，成績斐然，民國十九年（1930）商務印書館出版了蔣廷黻所編的《中國近代外交史資料輯要》，這是蔣氏的精心之作。我的業師浦薛鳳先生，生平以《西洋政治思潮》巨著與蕭公權的《中國政治思想史》並稱中西政治思想史的學術雙璧。浦師與蔣氏是清華同事，一度且與蔣氏是「行政院善後救濟總署」的同事，相交四十年，對蔣廷黻知之甚深。他就指出，「假使廷黻不入仕途而專心著述，則其在歷史學界當必有不朽貢獻，即今專就其所輯《中國近代外交史資料輯要》之卷而言，亦足傳世。」[08]

　　1929 年，羅家倫任清華大學校長，羅即延聘蔣廷黻為歷史學系教授並兼歷史系主任，在清華期間，蔣廷黻真正第一次發現並進入中國近代史這個研究領域的新大陸。他在回憶錄中說：

> 清華五年實在是夠刺激的，可以說我是發現一個新大陸——中國近代史。⋯⋯我繼續研究中國外交史，同時

08　浦薛鳳：〈十年永別憶廷黻〉，收入梁實秋、許倬雲等著：《再見大師》，長沙：嶽麓書社，2015，頁 245。

ㄨ出版兩卷編纂資料（《中國近代外交史資料輯要》），
我的興趣越來越廣泛，我又對近百年來社會及經濟變化
發生興趣。[09]

應該指出，蔣氏在清華歷史學系主任任內，建立了第一流
的教授陣容，包括雷海宗、陳寅恪、姚從吾、吳晗、蕭一山、
劉壽民、張貴永、王信忠、Michael Gapanovitch 等宿儒新
秀，海內堪稱無雙，蔣氏自己則負責中國近代史與外交史。

蔣廷黻治史（中外）日深，漸多撰史的看法，他不滿意中
國傳統的治史方法，他認為傳統史家往往是「治史書而不是
治歷史」。他與當時在中央研究院歷史研究所的傅斯年聲氣相
通，皆是新史學的推手。所謂新史學，就是科學史觀；而他所
批評的「治史書而不是治歷史」，最主要的是指傳統治史者偏
重第二手資料，不去找第一手資料，或原始資料。此所以蔣氏
在南開時就專心蒐集外交史原始資料，到清華後更千方百計推
動清宮檔案的蒐羅，考古人類學家李濟是蔣氏在南開與清華的
同事，他說：

在南開教書時，廷黻先生講的是現代史，我所教的則是
考古學和人類學；在當時的中國是兩門新興的科學，也
可以說是一些邪門外道……廷黻先生在那個時候可說為
研究中國近代史和外交史建立了一個很好的新基礎。他
怎麼建立這新基礎呢？第一，他認為要做學問，必須要

09　蔣廷黻：《蔣廷黻回憶錄》，頁 144。

從原始資料（first-hand data）的研究做起。……研究檔案，現在是很普通的一個歷史學家的工作。這個風氣恐怕是從廷黻先生開始的。[10]

　　蔣廷黻撰寫中國近代史從研究清宮檔案着手，這是郭廷以與李濟推重他開創治史新風氣的一個原因。事實上，由於對清宮檔案的掌握，使他的研究有充實的成果。1931年，他在《清華學報》發表了〈琦善與鴉片戰爭〉是他第一篇學術論文。接着發表了〈李鴻章——三十年後的評論〉[11]，〈最近三百年東北外患史〉[12]。這些都是根據新史料所作的論著，這些論著都是他十年磨一劍的作品。從這些作品，可以看到蔣廷黻對於中國近代史有了點、線、面的全局思考，誠然是胸有成竹了。這很可以解釋蔣氏在1938年短短兩個月中能夠寫出《中國近代史》這部傑作。蔣氏僅僅以五萬字卻把一部中國近代史綱舉目張精當地呈現出來了。

五

　　蔣廷黻的《中國近代史》之所以是開山之作，之所以是中國近代史的經典之作，決不是純因蔣氏首先善用第一手的檔案資料，最主要的是由於他擁有同時代的人少有的歷史識見，也

10　李濟：〈廷黻先生對學術界的貢獻與關切〉，收入《蔣廷黻回憶錄》附錄，頁 207-295。
11　《政治學論叢》創刊號，1931 年 12 月。
12　《清華學報》，8 卷 1 期，1932 年 12 月。

即是史識。蔣氏自小留美，長達十一年之久，且在美國最高學府哥倫比亞大學獲得博士學位，對美國對西方有深切體認。當年他看到的美國，已是一「現代型」的國家，現代型的文明；他在哥倫比亞大學研究院認識到「族國主義」「帝國主義」「工業化」等名詞的真實意義。所以，他能有一種歷史眼光，一種從世界看中國，從中國看世界的眼光。他認識到帝國主義的侵略本質，但他的歷史論述幾乎完全跳出「我族中心論」或「文化中心論」的思想陷阱。更不必說「天朝中心」的傳統史觀了。所以，他的歷史筆法就特別具有客觀、理性的力度。

十九世紀中葉之後，一部稱得上是中國近代史的書，它必然是世界史的一個組成；而一部稱得上是世界史的書也不能只有西方各國的歷史而沒有中國這個組成。蔣廷黻把鴉片戰爭作為中國近代史的開始是極有歷史意義的，因為鴉片戰爭才開始有了中國與世界的會遇（encounter）。雖然這對中國而言是一不幸的會遇，但因了鴉片戰爭，世界進入中國，中國也（被逼地）進入世界。

蔣廷黻當然認識到鴉片戰爭對中國（清朝）是災難性的，他所關心的問題則是鴉片戰爭及之後，中國為甚麼會一敗再敗，以至瀕臨亡國亡種之境。蔣廷黻指出，最根本的原因是西方已經經由近代化，特別是工業化，成為現代的工業社會經濟，而中國則仍是未經近代化洗禮，仍停滯在「中古」的農業社會經濟。此外，蔣氏認為傳統的中國社會組織是家族和家鄉觀念，沒有進入近代的民族國家。他清楚地指出當時中國的根本問題是中國能否走出「中古」狀態，建立近代的民族國家了。他毫不含糊地指出，這是中國唯一的出路。關於蔣廷黻的

中國近代史的立論主題，看看他是怎麼說的：

> 近百年的中華民族根本只有一個問題，那就是中國人能
> 近代化嗎？能趕上西洋人嗎？能利用科學和機械嗎？能
> 廢除家族和家鄉觀念而組織一個近代化的民族國家嗎？
> 能的話，我們民族的前途是光明的，不能的話，我們這
> 個民族是沒有前途的。因為世界上，一切的國家能接受
> 近代文化者必致富強，不能者必遭慘敗，毫無例外。[13]

蔣廷黻的立論是中國要近代化，中國才有前途，他說帝國
主義對我們的壓迫，就要看我們有怎樣的抵抗方案：

> 現在我們要研究我們的近代史，我們要注意帝國主義如
> 何壓迫我們，我們要仔細研究每一個時期內的抵抗方
> 案，我們尤其要分析每一個方案成敗的程度和原因。我
> 們如果能找出我們近代史的教訓，我們對於抗戰建國就
> 更能有所貢獻了。[14]

從這段話中，我覺得蔣廷黻的論述很有些美國大史家湯恩
比（A. Toynbee）的「挑戰與回應」的模式的影子。蔣氏受西
方新史學的訓練，重視科學方法，但他動心落筆處處顯示「以
史為鑒」的中國史學傳統。

13　蔣廷黻：《中國近代史》，香港：商務印書館，2013，頁 v。
14　蔣廷黻：《中國近代史》，頁 viii。

六

　　蔣廷黻的《中國近代史》一書的論述，從鴉片戰爭一直到抗日戰爭（他寫此書時是抗日戰爭爆發的第二年），其主線就是中國在帝國主義壓迫的挑戰下，引發出的回應是四個「救國救民族的抵抗方案」[15]。

　　第一個抵抗方案是鴉片戰爭後，曾國藩、左宗棠、李鴻章倡導的自強運動（亦即洋務運動）。曾、左、李都是漢人，但是太平天國反清的運動中，他們是為維護中國文化而挺持清廷的，他們也因平定太平軍之亂的功勳晉身清廷中樞，形成「漢滿共治」之局。在蔣廷黻筆下，洪秀全的革命「不在建設新國家，而在建立新朝代」。於中國的近代化了無意義；所以算不上是「救國救民族」的方案。而同治年間的自強運動，則是滿漢二族政治上精英（恭親王、文祥、曾國藩、左宗棠、李鴻章）的共同救國方案。蔣氏特別點出李鴻章是看清「日本明治維新的世界的歷史意義」之人，說李是「中國十九世紀最大的政治家」。李也是自強運動的中心人物。

　　曾、李的自強事業很多，而以國防近代化為第一優先，如建新軍，設同文館，製槍炮，造船艦，而國防近代化的同時，修鐵路，設電報，成立招商局，使中國走上初級的工業化之路。但甲午一戰，滿清潰敗，賠款割地（台灣），對中國造成

15　蔣廷黻：《中國近代史》，頁 102-103。

的傷痛猶甚於鴉片戰爭。自強運動這個「抵抗方案」是以失敗告終的，蔣廷黻這位史家的評斷是：

> 曾國藩及其他自強運動領袖雖走的路線不錯，然而他們不能救國救民族，此其故何在？在於他們的不徹底，他們為甚麼不徹底呢？一部分因為他們自己不要徹底，大部分因為時代不容許他們徹底。[16]

蔣廷黻認為自強運動的近代化不徹底，是領袖人物還只知道製槍炮、造船艦這些器物層次的近代化，他們就算想在制度上近代化，時代的大環境也是不允許他們去做的。蔣氏指當時的士大夫階層知識不足，識見不足，都盡力在破壞自強運動之學夷的技藝，完全矇然於「時代的危機」，而「民眾的迷信是我民族近代接受西洋文化大阻礙之一」。

甲午戰敗於日本，面臨亡國之禍，蔣廷黻說中國由是出現了第二個「救國救民族」的方案。這就是康有為、梁啟超領導的戊戌維新運動。戊戌維新主張制度上的變革，包括考試不用八股文，改為策論，設置農工商總局等，而最主要則是君主立憲的國體改革，這是李鴻章所不敢提倡的政治變革。應指出者，光緒皇帝支持維新派的改革，當時是受到洋人的偏袒的，亦即是與西太后的頑固派相對立的。我們知道，康、梁維新的近代化方案最後是因西太后的頑固派的鎮壓而失敗，結果，以譚嗣同等六君子被殺，康、梁亡走日本告終。維新的君主立憲

16　蔣廷黻：《中國近代史》，頁 57。

之路斷絕，之後，孫中山的共和革命遂成為唯一選擇了。

康、梁維新的第二個近代化方案失敗後，甚麼是中國近代化的第三個方案呢？蔣廷黻說：「嚴格說來，拳匪運動可說是我們近代史上第三個救國救民族的方案。」對於蔣氏這個說法，我是覺得很不解的，因為這與他全書的主題論述是極不協調的。義和團（蔣稱之為「拳匪」）是甲午戰後，首在山東民間出現的大刀會，自稱有鬼神保佑，刀槍不入，他們仇洋到了狂熱程度，凡洋人，附洋之中國人，以及與洋人有關的事業，如教堂、鐵路、電線皆在被打倒之列。而滿清朝中，如載漪、剛毅一班糊塗蟲，把義和團介紹給維新中仇洋至深的西太后，西太后經四次御前會議，竟於 1900 年 5 月 25 日向西洋各國同時宣戰。實際上，義和團「扶清滅洋」之亂僅僅殺了一個德國公使，連東郊民巷的公使館都攻不破，但卻招致了八國聯軍的侵華，西太后逃亡西安，清廷被逼訂下《辛丑條約》，單單賠款就達銀元四萬萬五千萬兩，中國之傷，可謂大矣重矣。所以，義和團之變謂之是反帝國主義壓迫的一個抵抗方案，或非不可，但說它是一個中國近代化中的一個「救國救民族」的方案，則大有不妥。其實，蔣廷黻自己也說「拳匪之亂」是「反對西洋化，近代化的」[17]。他還說：「拳匪的慘敗是極自然的，慘敗代價之大足證我民族要圖生存絕不可以開倒車。」這是蔣氏一字千鈞的春秋之筆。在這裏，我想指出，蔣氏自幼接受西學之訓練，沒有傳統經學的束縛，他是自美返國後，努力補讀

17　蔣廷黻：《中國近代史》，頁 103。

中國典籍的，司馬光的《資治通鑑》是他最愛讀的古人之書。

我不認同義和團之變是中國追求近代化的第三個方案。中國另有一個追求近代化的第三個方案。康、梁的維新變法運動，誠然以康、梁亡走日本而劃上句號。事實上，光緒被囚，康、梁亡命天涯，戊戌維新變法確是戛然終止。但迄至清末，維新精神在清廷有識之士身上延續未絕，儒臣張之洞且有「舊學為體，新學為用」之主張。1905年清廷接受張之洞、袁世凱等人之建議，慈禧下詔「廢科舉，設學校」，使西學（科學為主）大量進入學校。這是史家所謂的「晚清新政」，也是蔣廷黻所認知的[18]。再逾七年，1912年辛亥革命後一年，蔡元培以中華民國教育總長的身份頒佈〈大學令〉，廢除「忠君尊孔」的經學科，科學真正成為中國新大學的核心知識。此後再經五四新文化運動鼓吹「科學」與「民主」，中國的學術文化自此完成了「從經學到科學」的轉變，這絕對是中國現代化的最根本的一環。[19]

從「晚清新政」到民國初年在社會與學術文化上的改革，完成了「從經學到科學」的範典式的轉變。這個歷時二十餘年的學術思想之變，才名符其實的是「救國救民族」的第三個方案。事實上，蔣氏本人就是1905年清廷科舉停辦後被伯父送進新式學堂的。而他此後留學美國接受「科學教育」，返國後在南開、清華展開了「科學史學」的人生歷程。我把蔣氏的第

18　蔣廷黻：《中國近代史》，頁107。

19　參見本書第一篇〈中國百年學術之變與發展：從經學到科學的範式轉變〉。

三個「救國救民族」的方案，作了補正，我相信廷黻先生天上有知應該是會首肯的。

蔣廷黻心目中，中國近代化上第四個方案是孫中山先生所提出的三民主義與建國方略。我上面已提到，康、梁維新的君主立憲之路的斷絕已使孫中山的共和革命成為歷史唯有的選擇了。蔣廷黻認為在二十世紀之初，中國需要的是「一個認識新時代，而又能領導我們向近代化那條路走的偉大領袖」[20]。在蔣氏眼中孫中山對西洋及近代化的認識，遠在李鴻章、康有為諸人之上。孫中山的三民主義是十八世紀以來，世界所發生或將發生的民權、民族和民生三大問題的解決方案，蔣氏說：「中山先生的愛國熱忱和科學訓練所創作的救國方案，其思想的偉大是古今無比的。」[21]

蔣廷黻特別讚賞的是孫中山的建國（革命）方略。孫中山把革命或建國過程分為軍政、訓政、憲政三個階段。蔣廷黻個人政治的根本信念與胡適一輩留美學人的自由主義是相同的，但他看到中國民智未開，似「中古」之人，對於民主自由之理解有不可跨越的鴻溝。所以，他認同孫中山的革命建國的階段理論，從「軍政」到「憲政」中特設一「訓政」的階段。訓政是為了培育養成國民民主的素質而設。當年梁啟超主張君主立憲，反對孫中山的共和革命，梁認為「中國人民程度不夠，不能行共和之制，如行共和必引起多年內亂和軍閥割據⋯⋯

---

20   蔣廷黻：《中國近代史》，頁 116。
21   蔣廷黻：《中國近代史》，頁 105。

而長期的內亂，尚不一定要亡國」[22]。蔣廷黻就認為梁啟超是不明瞭孫中山之所以主張在「憲政」之前需經由「訓政」階段的道理。在訓政階段，蔣氏不主張行民主，而是行「開明獨裁」。上世紀三十年代，他與胡適同辦《獨立評論》，曾有專號討論民主與獨裁問題。那時，有一種普遍印象，以為「胡適提倡民主，蔣廷黻主張獨裁」[23]，陳之邁指出那種印象是「很膚淺很錯誤的歸納」。他說：「蔣廷黻所主張的所謂獨裁，絕對不是墨索里尼、希特勒式的獨裁，當然更不是列寧、史達林式的獨裁，而是土耳其在第一次世界大戰後，凱末爾領導的革新運動。在廷黻眼中凱末爾是近代歷史上很了不起的人物，因為他能在很短的時間，大刀闊斧，將號為『東方病夫』的土耳其復興起來，他的革新運動對於他的國家確有起死回生的作用，廷黻所希望的是中國也有這樣的一個革新運動。」[24]

我們可以說，蔣廷黻是認同孫中山的政治發展的階段論的。平情而言，在中外政治發展的理論中，為「革命政黨」在終極上設計一個「還政於民」的「退場」機制（即實施憲政）的，孫中山的理論是唯一的。蔣氏之所以相信孫中山的革命是「共和革命」，其理由在此；而蔣氏在終極上為一自由主義者，其理由亦在此。值得注意的是，蔣廷黻固然對孫中山的訓政理論十分認同，但他至死都沒有加入國民黨。

蔣廷黻的《中國近代史》是寫於七七抗戰爆發的第二年

22　蔣廷黻：《中國近代史》，頁 106。
23　陳之邁著，頁 28。
24　陳之邁著，頁 29。

（1938 年），所以他特別強調孫中山的三民主義與建國方略是抵抗日本侵華的最有力的方案。他說：

> 一九二五年的春天，三月十二日，中山先生在北平逝世了，革命的重擔大部分從此就遺到蔣介石同志身上了。[25]

他在書末又說：

> 目前的困難是一切民族在建國的過程中所不能避免的。只要我們都追隨蔣先生，謹守中山先生的遺教，我們必能找到光明的出路。[26]

蔣廷黻寫完此書的同年 5 月，他就追隨蔣介石，參加到抗日的聖戰中，自此之後，我前面說過，他不再在書齋中撰寫歷史，而是與國人一起用血汗共譜中國的近代史了。烽火連年，顛沛流離，漫漫長夜，終見曙光。1945 年日本投降，蔣廷黻親身見證了抗日勝利的歷史場景，他見到他心目中的「偉人」蔣介石的畫像懸掛在天安門的城牆上，他在回憶錄中說蔣介石在八年抗戰期間是「一柱擎天」的力量。[27]

是的，抗日結束後，接着是中國內戰的爆發，1949 年，蔣廷黻隨蔣介石撤離大陸，敗退台灣，國家自此長期處於分裂狀態。作為一個史學家，蔣廷黻會如何撰寫 1949 年後的中國近代史？1965 年，他離世前沒有寫，也永遠不會寫了。有一

25　蔣廷黻：《中國近代史》，頁 120。
26　蔣廷黻：《中國近代史》，頁 122。
27　蔣廷黻：《蔣廷黻回憶錄》，頁 229。

點，我相信，從一個中華民族的立場看，今天中國大陸與台灣都已走上現代化的高地，蔣廷黻應該是會感到安慰的。我們記得他 1938 年撰寫《中國近代史》時不是說：「近百年的中華民族根本只有一個問題：那就是中國人能近代化嗎？」

七

　　蔣廷黻在世上精彩地活了七十一年，他一生的事業路徑決定了他有兩個人生，一是學術，一是政治。他的學術人生，如從 1919 年（五四運動發生之年）在美國哥倫比亞大學攻讀歷史學博士算起，到他在 1935 年辭離清華大學教職之時，共十六年。蔣氏的政治人生從 1935 年出任行政院政務處長，到 1965 年自駐美大使退休，共三十年。蔣廷黻對兩個人生，都一樣全心投入，學術與政治是他兩個無分軒輊的志業。是的，他曾表示過想念教學和書籍共處的悠閒生活，在回憶錄中說：「對我個人說，清華五年是我一生中最快樂的歲月。」[28] 但他對從政的後半生，也是無怨無悔。

　　蔣廷黻之走上從政之路，從他的回憶錄來看，他是不認同傳統中國「學而優則仕」的觀念的，對他來說，「政治只是一種工作，我認為它和教書一樣的清高」[29]。倒是在少年時，在他 1906 年讀湘潭長老會學校時，就有了「救中國」的夢想，他說：「念書之外，同學和我常做白日夢，其中最主要的一種

28　蔣廷黻：《蔣廷黻回憶錄》，頁 142。

29　蔣廷黻：《蔣廷黻回憶錄》，頁 161。

是救中國。我們幻想許多使中國富強的方法。」[30]

所以，在國難當頭之際，蔣廷黻是不會迴避政治的。在九一八（1931 年）事變之後，因為他的政治識見，受到蔣介石的青睞，邀他進「內閣」任事，他是不會推諉的。陳之邁對他之棄學從政，有這樣的看法：

> 如果政府不徵召他，他絕不會去奔走鑽營，而安心在清華教書研究，不致有滿腹經綸、懷才不遇的感嘆。他的態度不屬於中國文人傳統的類型，既不自鳴清高，也不熱衷仕進。但是政府既然徵召他，他就應召，絲毫不作扭捏的態度。半推半就，裝腔作勢。[31]

蔣廷黻的棄學從政是偶然的，也是自然的。「九一八」之後一年（1932）胡適在北平創辦《獨立評論》週刊，同時與胡適發起這個刊物的有丁在君、翁文灝、傅斯年、任叔永、陳衡哲等，蔣廷黻也是發起人之一，並參與甚多，在胡適偶離北平時，初期便是由蔣氏代編的。《獨立評論》一直出版到抗日戰爭結束之年，而蔣廷黻是 1935 年從政後就離開了。

在《獨立評論》的三年間，蔣氏發表了不少論政的文字，最重要的是他對日、對蘇的迥異時流的外交論述，大得知識界的稱善，受到了蔣介石的注意與賞識，並徵召他進入政治的中樞。浦薛鳳教授說：

30　蔣廷黻：《蔣廷黻回憶錄》，頁 47。

31　陳之邁著，頁 151。

廷黻之並無憑借而插足政界，擔任內政外務重任，歷三十載之久，完全是由於蔣介石知人之明。記得重慶當日曾流行一項傳說，黨中人士對廷黻頗有攻擊，蔣介石卻說，如彼才具果有幾個？不論此一個傳說是否屬實，而廷黻之不是「做官」，不屬「巧宦」，與夫為國服務展其抱負，全出於最高當局特遇之知，當無疑問。[32]

在此，我要補上 1933 年 8 月 23 日，蔣介石的日記上有「蔣廷黻對外交確有研究與見地者」之語。[33]

1936 年蔣介石任命蔣廷黻為駐蘇大使時，蔣廷黻定是欣然赴任的，他內心未嘗沒有要像湖南鄉前賢郭嵩燾、曾紀澤一樣，在外交戰場上一展大才的理想。事實上，蔣氏的外交生涯，早年任駐蘇聯大使，晚年任駐美大使，中間十五年任駐聯合國常任代表，都是做得有聲有光，出色當行，備受國際外交界的讚賞推崇。記得當年蔣廷黻從「議政」到「從政」之日，《獨立評論》社的學人朋友都是樂見其成的，主編胡適還特送他（及翁詠霓）二句詩：

寄語麻姑橋下水，
出山還比在山青。

胡適的「出山還比在山青」詩句是改杜甫的「在山泉水

32　浦薛鳳：〈十年永別憶廷黻〉，收入《再見大師》，長沙：嶽麓書社，2015，頁 243。

33　見鄭會欣：〈蔣介石與民國學人關係的嬗變（1932-1949）〉，《二十一世紀》雙月刊，香港中文大學中國研究所，2020 年 2 月號，總第 177 期，頁 48。

清，山山泉水濁」而成的，這說明胡適對蔣廷黻「出山」的信任與期待。而蔣廷黻偶爾且用「泉清」為筆名，而他也始終是政治上的一股清泉。

八

我再次要說，蔣廷黻的一生是以學術與政治為終身的兩大志業的。他在學術與政治上都有第一等的成就。有「考古學之父」之譽的李濟教授表示像蔣廷黻這樣在學術與政治上都有貢獻之人太是難得，他說：「這也是我最懷念他的一點，我想這也是湖南人才的一個代表人物，在我心目中，可說是我朋友中間使我最佩服的一個。」[34] 上世紀六十年代初，蔣氏當時任駐美大使，李濟應邀在華盛頓雙橡園與蔣氏小住。李濟在快離別時，與蔣氏談天，問蔣氏：「廷黻，照你看，是創造歷史給你精神上的快樂多，還是寫歷史給你精神上的快樂要多？」李濟說：「他沒有回答我的話，反問我一個問題，他說：『濟之，現在到底是知道司馬遷的人多，還是知道張騫的人多？』我覺得這是他的外交辭令。」[35] 與蔣廷黻相識相交逾三十年的陳之邁認為蔣廷黻答李濟的話，並非外交辭令，也並沒有避免答覆李濟所提的問題，陳之邁說：

34　李濟：〈廷黻先生對學術界的貢獻與關切〉，收入《蔣廷黻回憶錄》〈附錄〉，長沙：嶽麓書社，2017，頁 287-295。

35　同上書，頁 294。

我想廷黻的看法是古之所謂立德、立功、立言，其目的就在讓後世的人「知道」他，所謂名垂青史……歷史上盡有人在做大事的時候，並沒有顧到後人是否會知道他做了這件大事，但蘄求流芳百世總是做事的一個主要動機。廷黻以司馬遷和張騫為例，在我看來，他的意思是，在兩者不可得兼的情形下，他覺得寫《史記》比出使西域好，因為他估計後世知道司馬遷的人比知道張騫的人多。[36]

蔣廷黻 1965 年謝政退休後，同年即因病逝世於紐約，永遠失去了重拾史筆完成他心中的中國近代史大書之宏願，誠是蔣廷黻的畢生長憾。但也因此，蔣廷黻五萬字的《中國近代史》就更值得珍貴了。毫無疑問，《中國近代史》問世迄今，已是經過近百年風霜考驗的經典之作。人因書傳，書因人傳，人書共可傳世。

2019 年 12 月 10 日完稿

36　陳之邁著，頁 141。

獨立之精神
自由之思想

陳寅恪句

千禧十六年

金耀書

蔡元培與中國現代大學範典之建立 *

今天承中國文化書院、北大哲學與文化研究所與國風集團的邀請，作為「第八屆蔡元培學術講座」的主講，感到十分榮幸。

蔡元培先生是現代中國的一位偉大學人。1868 年生於浙江紹興，1940 年 3 月 5 日逝世於香港。安葬在香港仔山巔的公墓，這是香港的青山有幸。1978 年，我曾在蔡先生墓的修建竣工的春祭典禮中，參與北京大學同學會的公祭。事後，我還寫了一篇〈蔡元培先生象徵的學術世界〉的文章 01。蔡先生對

---

* 此文原是應湯一介先生之邀，於 2005 年 7 月在北京大學中國文化書院所作「蔡元培先生講座」的講稿。當時我得了急症，痛苦不堪，但仍堅持作了簡短的講演，講演畢，即承校方送北大附屬醫院治療。翌日坐第一班早機，抵港後即直接送香港仁安醫院作手術。當年湯一介、樂黛雲伉儷及與會北大老師對我親切照顧，記憶仍如昨日。而今我對原稿作大量增補之時，湯教授早已魂歸道山，誠不勝感慨之至。此文收入拙著《再思大學之道》（香港 2017，北京 2020）。

01　此文收入拙著《大學之理念》，台北 1983 年，香港 2000 年，北京 2001、2020 年。

現代中國的學術發展有傑出貢獻，今天我講的題目是「蔡元培與中國現代大學範典之建立」。

　　蔡元培先生是清末民初、二十世紀中國大轉變過程中一位極具歷史方向感的讀書人，他在中國學術文化與教育轉變中，提示了一個現代轉向。蔡先生的貢獻是多方面的，而他對中國的教育，特別是高等教育則貢獻最大，影響最深。他於 1917 年出任北京大學校長，1924 年離開北大，他在七年中，繼首任校長嚴復之後為北大作了根本性的改革，使北大成為一所具有現代學術性格的中國大學。

　　北大原為京師大學堂，成立於 1898 年，1912 年改名北京大學。但在蔡先生出任北大校長時，這所高等學府固是維新運動的產物，雖然已與傳統的國子監不同，但仍是像個「衙門」。袁世凱還要把北大校長和教授稱為「中大夫」「下大夫」，而當時北大學生也多有以北大讀書作為升官發財的敲門磚。袁世凱死，蔡先生才以「我不入地獄，誰入地獄」的襟懷出掌北大。蔡先生去當北大校長是有理想，有理念，有抱負的。他留學德國時，對西方的大學有深刻的認識，他意識到大學對於一個國家的教育、學術與文化的重要，他意識到從教育入手，才可以使中國轉危為安，救弱為強（他認為救普魯士之亡，德意志統一的盛業，皆發端於教育之革故鼎新），他並有把北大辦成世界一流大學的願景與信念。在他就職那一年，也是北大二十年校慶那一年，他就說，北大通過學科的改組，

「所望內容以漸充實，能與德國的柏林大學相頡頏耳。」[02] 我們知道，1917 年，德國的柏林大學是西方大學的重鎮，也可說是西方現代型大學的範式。那時美國的著名大學如哈佛、約翰霍布金斯大學（Johns Hopkins University）都是到柏林大學取經的。從今天來看，蔡先生當年出任北大校長，提出新理念、改組學科，主要是借鏡柏林大學的，北京大學之建立與改新可以說是大學現代化全球化的一個組成。

二

蔡元培改革舊北大，建立新北大，實際上他所做的工作是為北大定性定位，也是為中國現代大學建立範典。他在北大的改革和建設是全方位的，從大學的治理結構，到科、系的設立都是學術現代化的舉措，也是與世界學術接軌的舉措，我覺得最值得指出的是蔡先生所擁有的大學之理念及推行的政策，下面我分別予以詮釋。

甲　宣導學術研究，為大學定性

蔡先生的大學理念中最突出與強調的是「研究」二字，這也是他以研究學問作為大學之定性。他說：

> 大學者，研究高深學問者也。

02　梁柱：《蔡元培與北京大學》（修訂本），北京：北京大學出版社，1996，頁 41。本文中所引蔡先生的文字大都見於梁著，故不再另注。

諸君須知大學不是販賣畢業證的機關，也不是灌輸固定知識的機關，而是研究學理的機關。

大學生當以研究學術為天職，不當以大學為升官發財之階梯。

大學應以研究學問為核心功能，所以他說：「凡大學必有各種科學研究所。」於 1917 年，北大的文、理、法三科的各個學門部分別成立了研究所。

國人中，把大學之目的定為「研究學問」「研究學術」「研究學理」，蔡先生是第一人。呂思勉在〈蔡子民論〉一文中說，「在他主持北京大學以前，全國的出版界，幾乎沒有說得上研究二字的。」03。這裏，我要特別指出，把大學目的定性為「研究學術」，而不是「灌輸固定知識的機關」，那就超越了傳統的傳道、授業、解惑的範疇，而重點放在創新知識、發展知識上了。蔡先生之特別重視「研究」很顯然是他留學德國時，受到德國大學強調「研究」風氣的影響。誠然，自十九世紀中葉之後，德國大學在研究上領先世界，成功地進入科學世紀。德國大學遂也成為英、美大學模仿的對象。之後，美國主要大學在大學部之上建立研究院，可說是結合英國大學（特別是牛津、劍橋的大學本科教育）和德國大學（重科學研究，設立研究中心）的模式而成。美國這一大學新模式在二十世紀儼然成為世界各國大學的範式，也是今日所稱「研究型大學」的濫

03　梁柱：《蔡元培與北京大學》（修訂本），頁 177。

觸。蔡先生早在 1917 年北大改革時，就提倡「研究」，把大學定性為「研究學術的機關」，真正把握到現代型大學的精神性格。二十世紀後出現「知識經濟」「知識社會」之說，大學更成為創新知識，發展知識最主要的重地。對當代大學之功能最有洞見的前美國加州大學校長寇爾（Clark Kerr）在 1966 年指出，今日的大學已成為國家成長發展的焦點，正因為大學已是「知識工業」（knowledge industry）的中心。[04]

乙 「教育獨立論」與新知識譜系

談蔡元培先生的大學理念，自然不能不談他的「思想自由」與「兼容並包」的主張，而這正是我在 1978 年所寫〈蔡元培先生象徵的學術世界〉一文着墨最多的。在這裏，我只想講他在宣導「思想自由」之外提出的「教育獨立」的觀點。蔡先生在 1922 年初發表了〈教育獨立議〉一文，提出了教育獨立的主張，他說：「教育事業，當完全交與教育家，保有獨立的資格，毫不受各派政黨或各派教會影響。」就如梁柱在《蔡元培與北京大學》一書所說，蔡先生之教育獨立主張，在當時他所反對的是軍閥的黑暗政治和帝國主義的文化侵略。蔡先生說：「教育是幫助被教育的人，給他能發展出自己的能力，完成他的人格，於人類文化上能盡一份子的責任；不是把被教育的人，造成一種特別器具，給抱有他種目的的人去應用的。」所以，他宣導的是「超然的教育」，是超然獨立於政治和宗教的教育。

:::

04　Clark Kerr, *The Uses of the University*, N.Y.: Harper Torchbooks, 1966, p.58.

蔡元培先生在〈教育獨立議〉中反對政治與宗教干預教育的立場是很容易了解的，但他要把宗教排除在教育之外，其實還有更深一層的理由，我認為這涉及到他對知識之定性問題。他提出大學不必設神學科，但在哲學科中設宗教史、比較宗教學。同樣的，他反對把孔教定為國教，且在他民初任教育總長時制定的〈大學令〉中，確定大學分為文、理、法、商、醫、農、工七科，而且以文、理二科為主，而把經學科取消掉了。他認為原來京師大學堂規定的經學十四門，其中《周易》《論語》《孟子》等已歸入哲學門；《詩》《爾雅》已歸入文學門；《尚書》《三禮》《大戴記》《春秋三傳》已歸入史學門，故已不必再設經學科了。他指出把經學科併於文科，「與德國新大學不設神學科相類」。應指出，德國新大學的新知識譜系是歐洲十八世紀啟蒙運動的產物，是根於理性求真的科學的範典，現代大學成為社會學家柏森斯（Talcott Parsons）所說的「認知性的知識叢」（cognitive complex）。這與歐洲的中古大學以《聖經》為知識的主要來源迥然不同。粗略地說，歐洲中古大學是求「善」，現代型大學是求「真」，以中國的學問之性質言，傳統學問的中心亦可說是求「善」。簡言之，傳統的學問主要是學做人，錢穆先生說中國學問有三系統，即人統、事統與學統，而以人統最為重要，他說：「第一系統是人統，其系統中心是一人，中國人說，學者所以學做人也。」[05] 無可疑的，中國傳統教育所講授的四書五經，是傾向於「人統」的

05　錢穆：《中國學術通義》，台北：學生書局，1975，頁 225。

學問，而中國傳統學問中雖亦講事統與學統，但相對地說，三統中的學統是較薄弱的。反之，現代型大學教育則是突出學統，以科學為核心，學統是最重要的。社會家貝拉（Robert N. Bellah）等指出美國研究型大學中，科學在知議之位序中已據主要地位，他們指此為「知識的科學範典」[06]。人統則被邊緣化甚至在知識譜系中失去了位置。德國柏林大學之不設神學科，北大之取消經學科，其意義是完全相同的。一點也不誇大地說，這是大學的知識譜系的變革。蔡先生對中國大學的改革，實際上也是知識範典的變革。在這裏，我想指出，蔡元培先生像那個時代新文化倡導者胡適一樣，對科學理性有一種絕對的樂觀的信念，他的知識觀是實證主義的，故他的知識範典是「知識的科學範典」（scientific paradigm of knowledge）。

丙　「以美育代宗教」與大學之價值教育問題

在西方，把神學科從大學學科中排除；在中國，把經學科從大學學科中取消，這是中西教育史上極重要的大事，但這恰恰也是現代型大學以科學為知識範典所產生的結果。蔡先生主張把教育從宗教中獨立出來，或者說把宗教從教育中排除出去，這對於歐洲中古大學（亦是今日大學的源頭）來說是不可思議的。中古大學，如前所指出，是以《聖經》為知識主要來源，中古大學本身即是教會大學，是以「信仰」為中心的。而中國傳統學校，自漢以來，即以經學為核心內涵。二者之最高

06　Robert N. Bellah et al., *The Good Society: An Introduction to Comparative Politics*, N.Y.: Alfred A. Knopf, 1991, pp.153-163.

目的都可說是求「止於至善」，故二者所重的學問都在道德教育、倫理教育或價值教育。無可諱言，道德教育在現代型大學中的地位已變得曖昧、邊緣化，甚至消失了。在今天的現代型大學中，道德教育已被排除在「學科」之外，甚或成為課外活動的部份了。在一定的意義上，今天大學（特別是研究型大學）之常被批評「精神失落」，「缺乏性格培育」等，與現代型大學中價值教育之失位是有關的。

在蔡元培先生的大學理念中，對於道德教育與價值教育是怎麼看、怎麼處理的呢？蔡先生標舉大學是「研究學理」的機構，但他卻從未忽略大學的教育的職能，也即培育學生的職能。講到大學的教育，蔡先生是把德育與智育同樣看重的。他認為大學是為共和培育有「完全人格」的人才。不過，我們注意到，蔡先生雖然不止一次地強調德育的重要，他並沒有在大學知識範疇中為「道德教育」安頓一個重要位置。十分有意思的是，1918 年，蔡先生在《北京大學月刊》發表〈北京大學之進德會旨趣書〉，並親自發起組織進德會。進德會以提倡培養個人高尚道德為宗旨，但應注意的是，進德會是一種課外推動德育的組織活動，而並非是以「知識」或「學問」作為大學學科的一個組成部分。無疑的，使人感到最具創意的是蔡先生的「以美育代宗教」的主張。「以美育代宗教」的主張是遠在蔡先生任北大校長前就提出過的，在他擔任北大校長後，北大文科就開設了「美學」和「美術史」的課程，而「美學」也是蔡先生主持北大期間親身講授的唯一的一門課。把美育列入到文科裏，就是說美學是大學的「科學的知識範典」所認可的「知識」，也就是說美育的科目在現代大學的知識譜系中佔有它的

位置。那麼美育在蔡先生的心目中是怎樣的一種教育？怎樣的一種知識呢？

　　蔡先生說：「教育的方面雖也很多，他的內容，不外乎科學與美術」；他認為科學與美術二者是新教育的要綱，也即他賦予了美育與智育在新教育中最重要的位序。

　　他強調美的普遍性與超越性，他說：「提出美育，因為美感是普遍性，可以破人我彼此的偏見；美學是超越性，可以破生死利害的顧忌，在教育上應特別注意。」蔡先生對「美育」發表過不少文字，當時學界有很多迴響，他的美育亦稱美感教育，而美感教育最重要的作用是「所以陶養吾人之感情，使有高尚純潔之習慣，而使人我之見，利己損人之思念，以漸消沮者也」。梁柱認為蔡先生的美育「是要通過美感教育，激發、陶冶和完美人們的高尚感情，達到美與善的和諧的統一」。[07] 這是對蔡先生美育觀很貼切的詮釋。從這裏，我們可以理解到蔡先生的「以美育代宗教」包含了一層「以美育作為德育」的意義。美育與德育屬於美與善兩個範疇，蔡先生顯然認識到美與善是兩個範疇，但二者是相通的。當代的李澤厚對美與善有很深刻的看法，他指出，在中國文化中，美與善有密切關係；以此，他有「以美儲善」的說法。李澤厚說：「中國傳統是通過審美代替宗教，以建立這種人生最高境界。正是這個潛在的超道德的審美本體境界儲備了能跨越生死、不計利害的道德實

07　梁柱：〈蔡元培的美育思想及其在北京大學的踐行〉，《北京大學學報》（哲學社會科學版），2003 年 11 月第 40 卷第 6 期，頁 6。

現的可能性，這就叫『以美儲善』。」[08] 誠然，美與善在西方哲學中，也有被視作二而為一的。亞里士多德說：「美是一種善，其所以引起快感正因為它是善。」康德也說：「美是道德觀念的象徵。」[09] 芝加哥大學的著名哲學家阿德勒（Mortimer J. Adler）在《六大觀念》一書中，曾討論美與善及美與真的關係，他特別指出美有同時接連真與善的特性，他說：「所以美是一種適合於知識領域（我們從中發現真的領域）之內的價值，也是一種適合於慾求領域（我們從中發現善的領域）之內的價值。」[10] 由於美有這樣的特性，我們或可理解蔡先生為何在大學中不設神學科與經學科，而設美學課程。講到美與善的關係，我注意到德國社會學家韋伯（Max Weber）與西美爾（Georg Simmel）對美學與倫理學的看法，他們與同時代的蔡先生的美育觀（「以美育代宗教」及「以美育作為德育」）有一定的親近性。韋伯曾表示現代人傾向把道德的判斷轉變為品味（taste）的判斷，並認為，「對行為的道德評估轉為美學的評估，是知識性時代一個共同的特徵」。[11] 西美爾社會學著作更是以美學為中心，在他看來，社會問題是一個倫理問題，同時也是一個美學問題。論者甚至認為，西美爾對於社會世界，

08　王生平：《李澤厚美學思想研究》，瀋陽：遼寧人民出版社，1987，頁 50-51。

09　周憲：《美學是甚麼？》，北京：北京大學出版社，2002，頁 68。

10　Mortimer J. Adler, *Six Great Ideas*, New York: Macmillan, 1981. 中譯本為蔡坤鴻譯《六大觀念》，台北：聯經出版事業公司，1999 年，頁 116。

11　Max Weber, Religious Rejections of the World and Their Directions, in *From Max Weber: Essays in Sociology*, Translated, Edited, and with an introduction by H. H. Gerth and C. Wright Mills, New York: Oxford University Press, 1946.

是以美學取代了倫理的觀點。[12] 總之，蔡先生的「以美育代宗教」的主張，是有心在以科學知識觀為基調的現代型大學中，為價值教育（美學）安頓一個位置，這是一個十分值得進一步去探討的現代大學的教育問題。

三

蔡先生在大學知識譜系的建構，可以說是為中國學術文化提示了一個「現代轉向」。他是一位極具現代意識的文化人，他所建立中國現代大學的範典，其意義不止是知識性的，也是文化性的。其中極具代表性意義的，是 1920 年蔡先生在北大開始招收女生入學這椿事。誠然，在 1919 五四新文化運動發生之前，自清末以來的現代化思潮已經逐步向中國傳統禮教中男尊女卑的體制挑戰。事實上，五四以前，西方教會已創辦了北京協和女子大學（又稱燕京女子大學）、南京金陵女子大學及福州華南女子文理大學。1919 年 4 月，一所國立的北京女子高等師範學校成立。但北京大學自設校以來一直只有男生，沒有女生。蔡先生向來是新文化運動的支持者。在教育上，他主張教育普及與男女平權，力圖破除男女界限，矯正輕視女子的惡習，尊重婦女的人格。在 1917 年，他還成為一所孔德學校的名譽校長，校中一百多位學生，女生比男生還多。所以，在 1920 年秋季，在蔡先生主持的北大就正式招收女生，錄取了

12　David Frisby, *Sociological Impressionism (Routledge Revivals): A Reassessment of Georg Simmel's Social Theory*, London: Heirmann, 1981, p.85.

九名本科女生不是偶然的。北大當時雖然受到守舊勢力教育部的壓力，但蔡先生非常智慧地不把北大招收女生看作是「開女禁」的問題，他說：「其實學制上並沒有專收男生的明文；如招考時有女生來報名，即可著錄；如考試及格，可准其就學，請從北大始。」蔡先生這一「請從北大始」便形成萬山響應的效果，全國各地的公私立大學都一一跟着招收女生了。一個世紀過去了。今日兩岸三地的大學，可以說沒有例外，男女青年都享有接受教育的平等機會。不誇大地說，中國一百多年的現代化，其中最成功的就是婦女地位的升立，男女平等的思想已徹底改變了男尊女卑的舊觀念，中國文化變化之大與變得更好者亦莫過於此。

四

　　蔡元培先生中國現代大學的建構是以歐洲，特別是德國的「現代大學」為原型的，蔡先生認識到大學的世界精神和國際性格。十分難得的是，蔡先生是五四新文化大潮裏最有中道精神的。一方面，他極力主張學習吸收西方文化；一方面則極力主張保有中國文化的主體性。誠然，他對中國文化基本上保持一種開放觀與發展觀，他說：「今世為中西文化融合時代，西洋之所長，吾固自來當採用。」又說：「世運月新，學風丕變，吾國教育不能不相容歐化。」所以，他在大學的學術和課程設計取向上，主張「貫通中西」。[13]

13　　梁柱：《蔡元培與北京大學》（修訂本），頁 129。

再思大學之道

我們知道建構中國的現代文明
必須包括再重善美三個範疇故
而從大學創新知識上說它所創
新的應該涵蓋出之善美三千範
疇的知識從大學教育的目標說定
所提供的應該涵蓋求真求善求
美的教育

我以兩點所說兼重並舉古今的
大學之道實是說大學之道意不止
於至善小而真還走上合有此
於至善之意罷於走則大學傳
授以創新的知識有知性之知下德
性之知有審美知德而大學特不
止可平越世可有窰塊矣

現今的大學之道都以重求真的科學
上的創新知識而忘了走之大學之近走
以求善為誥的價值教育或道德教
育之此所以近十餘年來我不斷指
出今之大學之道必須從古之大學之道
兼重並舉

錄描者再思大學之道此段
于樓十七年丁酉春
金耀基

在主持北大時，蔡元培先生做了一件十分有意思的事，1926 年，他創立北大世界語研究會，大力提倡世界語（Esperanto）[14]。並兼會長，在北大開設世界語課程。蔡先生之推崇世界語，主要是為了與世界接軌，為不同文化之間構建交流與互動之便路。依同一理由，蔡先生也力倡對外國語（英文外，兼法、德、俄、意等國語）的學習與掌握。當然，掌握外國語是與蔡先生之貫通中西的主張一致的。儘管蔡先生毫不含糊地主張中國的學術與教育須與世界接軌，但他也始終堅持中國的主體意識，下面蔡先生對留學生的一段話十分清楚地表達了他的立場：

> 故人類份子，決不當盡歸於同化，而貴在各能發達其特性……能保我性，則所得於外國之思想、言論、學術，吸收而消化之，盡為「我」之一部，而不為其所同化……所望後之留學生，必須以「我」食而化之，而毋為彼同化。學業修畢，更遍遊數邦，以盡吸收其優點，且發達我特性也。[15]

蔡先生在二十世紀初葉，已充分認識到中國需現代化，需學西方之所長，中國教育不能不相容歐化，所以，中國的現代

14　世界語之首創人是立陶宛波蘭籍猶太人札曼霍夫（Lazarz Ludwik Zamenhof）。他以希望博士（Dr. Esperanto）的筆名出版了一本俄語著作《世界語：前言及完全手冊》，希望以人造的世界語來作溝通媒介。當時，哲學家羅素（Bertrand Russell）、卡爾納普（Rudolf Carnap）都頗為推崇，中國的李石曾也予支持。

15　梁柱：《蔡元培與北京大學》（修訂本），頁 132。

大學的知識譜系與傳統時代大有不同。簡言之，大學所設的科目絕大量的是「西學」，特別是西學中的科學，中國兩千年來學問的核心的經學已轉到「科學」。實際上，自蔡先生構建北大為中國的現代型大學時起，中國的大學百年來已成為創造、生產、應用、傳播、培育科學（不止是自然科學，還包括社會科學、生化科學及不同領域的專業教育等）的最重要的知識基地，這也使中國的大學成為中國「新文化」的基地，也使中國的大學成為中國現代化的根本動力。我們必須明白，中國現代大學裏製造或教授的知識絕大部分是蔡先生那個時代所謂的「西學」（或歐學），但它們都已成為人類共有的資產。這當然涉及到科學或學術普遍性的問題，那麼，這與蔡先生所謂保有與發揚「我性」是甚麼關係呢？我是這樣看的。發展科學是中國所必需，中國發展了科學，它不必會增強或減弱中國的「我性」，但它必然會豐富中國作為一個現代國家的文明內容。其實，從中國文化的發展觀來看，西學，特別是科學，無疑也是現代中國的「新文化」的重要組成部分。試想如果百年來的中國大學中沒有了科學（教育），我們能有今日現代化的成績嗎？我們今日能在中國現代文明的建構上取得決定性的階段性的成就乎？

　　西學（特別是其中的科學）之入中國，其影響中國文明之深遠，較之東漢後佛教之入中國尤甚。當時佛教進入中土，絕不能說增強中國之「我性」，但千百年來佛教已成為中國文化之重要組成部分，故佛教可以說是擴大了中國的「我性」，也即擴大了中國固有（特別是孔子之後的）的文化。西學（特別是科學）之對中國的「我性」的關係，也應如是觀、如是說。

結語

蔡元培先生是清末民初中國歷史巨變中一位極具歷史方向感的讀書人，他為中國的學術文化與教育提示了一個「現代轉向」。蔡先生的貢獻是多方面的，但他有最大貢獻的是教育，特別是高等教育。而他為北京大學的改革與創新，則是為中國現代大學奠定了範典地位。我曾指出，中國一百五十年的現代化運動，其中三個主旋律之一的是「從經學到科學」[16]，而中國的現代大學就是科學創新與發展的基地。自蔡先生主政北大之時到今天，科學已成為中國新文化的核心，使大學在中國現代化中發揮了最根本的動力，也使中國的現代大學成為中國現代文明構建中的柱石。蔡元培先生的名字與北大分不開，與中國現代大學分不開，也與中國的現代化分不開。

16　金耀基：《中國文明的現代轉型》，廣州：廣東人民出版社，2016。

附錄
蔡元培留給中國大學的精神遺產 *

一

從十九世紀中葉到二十世紀，中原大地，風雲變幻，百五十年的巨變，開中國三千年未有的新局。天佑中華，古老中國終究在崎嶇起伏、險象環生中步上一條現代化的發展大道，古文明已換了新貌。在現代化的歷史過程中，在政治、文化、經濟、學術、教育等不同領域，出現過不少對現代化有傑出貢獻的非凡人物。無疑地，蔡元培先生是其中一位表表者。

值得指出的是，在眾多非凡的人物中，蔡先生可能是最少爭議，最普遍受到敬仰的人。當其生時，新、舊、中、西價值觀念尖銳碰撞，此一是非，彼亦一是非，而黨同伐異，尤為激

---

* 本文係 2018 年 12 月 6 日在香港各界蔡元培先生 150 歲誕辰紀念會上的講話之講稿。

烈。蔡先生不是共產黨員，但他死後受到中共主席毛澤東的「學界泰斗，人世楷模」的崇高讚譽。蔡先生一生念茲在茲者是中華民族的復興，他的言行是超黨派的，他的心裏只裝着國家、民族。蔡先生敬仰孫中山先生「天下為公」的襟懷，他終其一生做過最重要的公職是中山先生任中華民國臨時大總統時的教育總長，而他一生心血都放在振興中國的學術與教育上。這是因為他深信教育是救亡圖強的根本之道。他在學術教育上做了兩件大事，一是改造北京大學為中國的第一間現代大學，二是創建了「中央研究院」，中國第一所純學術研究的機構。蔡先生至今最為人津津樂道的是他與北京大學的一段學緣。

二

　　蔡元培先生之改造重建北京大學，在中國兩千年的學術教育史上是有里程碑意義的。在他手上（1917 年任北大校長），北京大學才成為一間真正有現代性格的大學。蔡先生的大學理念，也即他為大學所作的定性與定位，是與中國兩千年的高等教育機構（太學或國子監），甚至與北京大學的前身「京師大學堂」或初期的北京大學（京師大學堂於 1912 年易名為北京大學），是截然不同的。蔡先生在 1917 年就任北大校長的演說中說「大學者，研究高深學問者也」之後，他又說「諸君須知大學不是販賣畢業證的機關，也不是灌輸固定知識的機關，而是研究學理的機關」，「大學生當以研究學術為天職，不當以大學為升官發財之階梯」。

　　把大學目的界定為「研究學理」，不是「灌輸固定知識的

機關」，那就超越了傳統教育的「傳道、授業、解惑」的範疇了。蔡先生把大學之基本任務定位在「研究學理」，亦即在創新知識上，這可說是發前人未發之論。在這裏，我更想強調地指出，蔡先生心中的「學理」「學術」或「知識」主要指「科學」，他說「教育的方面雖也很多；他的內容，不外乎科學與美術」。很明顯地，蔡先生把兩千年來的「太學」（或國子監）以「經學」為學術教育之核心轉變為北大（以及所有中國的現代大學）以「科學」為核心了。從經學轉向科學，這是「知識範典」的轉換，也是中國學術教育旋轉乾坤之一大變。此事之爭議，迄今沒有全息，但整體上講，這是中國學術教育現代化上最有決定性的一步。無可置疑，中國今日在現代化事業上的

巨大成就，講到底，與百年來人學所提供的新人才與新知識是分不開的。蔡先生是中國學術教育現代化的第一人。

三

講蔡元培先生對大學的貢獻，就不能不講他堅持的「學術自由與兼容並包」的主張。他說：「大學者，『囊括大典，網羅眾家』之學府也」。他主張對於不同學派的學說，應該「仿世界各國大學通例，循思想自由原則，取兼容並包主義……無論為何種學派，苟其言之成理，持之有故，尚不達自然淘汰之運命者，雖彼此相反，而悉聽其自由發展。」

蔡先生深信，「思想自由」與「兼容並包」是「大學之所以為大也」。事實上，蔡先生任校長期間，北大確是網羅了一大批「道不同」「意見不合」甚至「勢若水火」的學者大師，北大有了百家爭鳴，百花齊放的學術盛況，開啟了先秦之後的第二個學術燦爛繽紛的「子學時代」。而北大更成為中國新文化運動首發之地。蔡先生主持的北大以大氣魄擔承了一間大學時代召喚中的歷史使命。

四

蔡元培先生在 1940 年逝世於香港，埋骨於香港青山，香港何幸！他逝世已七十八年，但他的身影在歷史長廊中越來越顯得高大。蔡先生的不朽是他留給北大，留給中國大學的精神遺產。

大學與中國現代文明的建構[*]

一、前言

中國一百五十年的現代化運動，其原初動機就是富國強兵，但就其本質言，實是自覺與不自覺地開啟了中國文明的大轉型，即從一傳統的前現代文明向一新的現代文明的轉型。[01]故我曾言中國現代化的終極願景，是建構一個中國性格的現代文明秩序。[02]實際上，一百五十年來，特別是半個世紀以來，中國現代文明的格局已經成形，此所以我認為李鴻章當年所說中國三千年未有之變局的真正意義在此而不在彼。對於中國三千年未有之變局的「巨變」，我曾以中國現代的三大主旋律

---

[*]　這篇文字是根據我於 2013 年 4 月在南京大學所作〈再思大學之道〉講稿及 2014 年 11 月在江西師範大學所作〈大學與中國新文明的建構〉講稿整合增補而成。我對兩間學府邀我演講之盛情十分感念，而對兩校優美景觀與學風，留下美好記憶。林暉教授伉儷陪我與元禎到江西師大，並安排白鹿洞書院之遊，終生難忘。此文收入拙著《再思大學之道》（香港 2017，北京 2020）。

[01]　參閱拙著《中國文明的現代轉型》，廣州：廣東人民出版社，2016。

[02]　參閱拙著《中國現代化的終極願景》，上海：上海人民出版社，2013。

作一理論性的詮釋，此二大主旋律正是中國文明的三個基本面的轉型，即：

1. 從農業社會經濟轉向工業社會經濟
2. 從帝制君主轉向共和民主
3. 從經學轉向科學

此我在《中國文明的現代轉型》一書中已多有論述，但拙著對三大主旋律之「從經學轉向科學」未有專文申論，今天講「大學與中國現代文明的建構」，就是專說「從經學到科學」這一現代化的主旋律。這一主旋律是中國現代化中最根本的，它涉及到中國文明的教育，學術與文化的轉變。說到底，科學或應說科學的新文化是建構中國新文明的核心元素，而大學則是科學新文化的最重要的載體，所以我要從傳統的「太學」轉向現代的「大學」說起。

二、從「太學」到大學，從經學到科學

甲　太學與經學

二十世紀之前的中國，是一個有獨特文化性格的偉大農業文明國家。中國這個獨特的文化內涵就是後人所謂的六經，即先秦學者為教授禮、樂、射、御、書、數六藝而編輯整理的「教材」。漢代儒家思想成為統治思想之後，因《樂》已佚失，《詩》《書》《禮》《易》《春秋》稱為儒家五經。五經可說是儒學的核心內容，但孔子之世，他是私人講學，經學並無制度性教育機構之支撐（古代周朝的官吏教育機構為「辟雍」，為諸侯設的學校為「泮宮」），儒家在春秋戰國時也只有與道、

法、墨、諸子爭鳴的地位。直到漢代，董仲舒獨尊儒學之議，把儒學從「子學」地位提高到「經學」的位置。漢武帝（公元前 124 年）首創「太學」，設五經博士七人，學生五十人。據《後漢書》言，到漢質帝時（公元 146 年），太學生人數已擴張至三萬餘人。太學是最接近現代大學意義的國家高等教育機構，太學的中心教育就是經學教育。太學與經學的密切關係成為傳統中國教育的基本形態。

傳統中國的高等教育機構的名稱與內容，兩千年來非無變化[03]。就高等教育的「名稱」言，晉代雖仍設太學，到 276 年，又創立「國子學」（專收五品官及以上子弟）。隋唐時期，太學外，有「國子學」及「四門學」（專收十九歲以上男子）。宋代太學仍舊，但宋代私人興學，書院地位重要，經學權威由太學轉向書院。宋末年書院達三百到六百所，朱熹主持白鹿洞書院，是儒之道德教育之制度性建構。元代末年，書院成為主要高教機構，可能達九百所。在明朝嘉靖年間（1522—1566）書院更多達一千二百三十九所，惟明代亦多次摧毀書院，最後一次毀了的是東林書院（無錫）。經明一代，太學、國子學、國子監的名稱已成為同義詞。清代基本沿襲明制。

就高教機構的教育內容而言，自始至終都以經學為核心。應指出者，唐代太學除儒經外，還包括道教（老子之學），作為官學教學內容。此外，另設書學、算學、律學。宋代則太學在經學外，設有律學、醫學、畫學，這些都是「技術性」科

03　李弘祺：《為己之學：傳統中國的教育》一書，對傳統中國教育有一全面系統的論述，此書由香港中文大學出版社出版，2012 年。

日。當然，宋代在經學教育上有里程碑式的擴大與提升，即是宋代之經學除繼續視漢以來的五經為經典外，朱熹訂正的四書（《論語》《孟子》《中庸》《大學》）也成為儒家的經典，其地位便在五經之上。總之，自宋之後，四書五經成為中國的神聖之書，讀書人所讀之書是四書五經，科舉考試考的也是四書五經（唐代與北宋，科舉所考的內容還包括詩賦，明中葉後，詩賦已成為文人的業餘活動）。

我們可以簡要地說，中國兩千年的高教機構是太學，而太學的教學內容是經學，故馮友蘭說自漢至清兩千年來是「經學時代」，是很正確的。而自隋代起，科舉制與高教制基本合一，讀書人（儒生）因科舉入仕，成為帝國治理體系的基本組成。這是文化系統與政治結構的互相滲透，可說是儒學文化與帝國體系的融合為一。我曾稱帝國時代的儒學為「制度化儒學」（institutional Confucianism），西方漢學家亦或因儒者為國家治理體系的中心，而稱中國為儒者之國（Confucian state）。總之，太學與經學的合一是塑造中國的古典文明的一個根本力量。[04]

乙　大學與科學

大學英文是 "university"，與「太學」雖只一「點」之差，但卻是不同性格的高等教育機構。大學是中國現代化之產物，它是從歐洲橫向移植過來的。

04　金耀基：《中國社會與文化》增訂版，香港：牛津大學出版社，2013，頁 239。

　　清中葉鴉片戰爭後，曾國藩、李鴻章的洋務自強運動，是中國有意識或無意識的現代化運動的第一波。此一波重「開鐵礦，製船炮」，可說是軍事與國防現代化的先聲，但同時亦在教育上有新措施，如設同文館。除學西文外，亦設有科學之科目，如數學、化學等。李鴻章且曾建議增設「科學館」而未果。甲午戰敗，朝野震撼，遂有康有為、梁啟超的維新運動，是中國為自救而生的中國現代化運動的第二波，着眼於西方之所以強於中國的制度之探索。維新失敗，君主立憲之路亦告終，惟此後亦有所謂「晚清新政」，1905 年清廷下詔「廢科舉、設學校」則是新政之最有深遠影響者。自此，中國出現了新式或洋式的學校（從小學到大學），北京的京師大學堂就是最有代表性的。就教育內容而言，京師大學堂雖仍保有經學科，但科學的科目已堂而皇之進入了大學之殿堂。

　　1911 年辛亥革命，推翻兩千年帝制，建立亞洲第一個共和國，是中國現代化運動的第三波，是中國政治現代化的發端。時任中華民國臨時大總統的孫中山，任命留德的翰林蔡元培為教育總長。蔡元培任內的大手筆是頒佈了〈大學令〉，廢忠君尊孔等封建思想，為共和國創立大學新制。大學設文、理為主的多種科目的知識結構，廢除了經學科。〈大學令〉之最重大的歷史意義是宣佈了兩千年的經學時代的結束，而同時科學則成為中國新大學的核心。

　　1912 年，京師大學堂改名北京大學，首任校長嚴復依〈大學令〉之精神，把經學的部分內容併入文科之中：

《詩經》《爾雅》——文學

《易經》《論語》《孟子》——哲學

《春秋》《尚書》——歷史學

1917 年，蔡元培任北大校長，他說：把經學併於文科，「與德國新大學不設神學科相類」。在這裏，我想指出，蔡元培為中國創建的大學制是借鑒於德國的新大學的。需知，西方的大學發源於歐洲的中古大學，有八百年歷史的歐洲的中古大學是以《聖經》為教學核心的，此猶如中國的太學是以四書五經為教學核心一樣。但到了十九世紀，德國的大學革新，引進科學，而把神學請出大學。故蔡元培構建的中國大學是以歐洲的新大學，或歐洲的現代大學為模型，其學術核心是科學。

由「太學」到「大學」是中國高等教育制度之變，由「經學」到「科學」是中國學術文化之變。大學是中國現代化之產物，而大學的成立亦因此成為中國百年現代化的根源性動力。

三、中國的新文化與工業文明

1919 年中國的五四新文化運動是中國現代化的第四波，這是中國的思想文化的現代化。這個運動對中國傳統文化作出了全面性的批判，其焦點則是對儒家文化的批判，而有「打倒孔家店」之說。新文化運動的領導人陳獨秀倡導的「倫理革命」的對象實不外是儒家之經學。

新文化運動標舉的「民主」（德先生）與「科學」（賽先生）兩大旗幟是中國新文化追求的目標性價值。誠然，民主與科學從 1911 年辛亥革命，甚至 1905 年晚清「廢科舉，設學校」以來，已經成為中國新知識人的共同嚮往。經新文化運動的推動，德先生與賽先生，特別是「賽先生」更受到青年學子的歡迎。大學裏的科學，長期以來是學生選讀最熱烈的科目。

事實上，五四所倡導的新文化，其核心就是科學文化，而大學正是科學文化的主要基地。至於大學教育，在二十世紀之初的 1909 年，全國就已有 123 所官辦的高等院校，學生人數已達 22,000 人。其他私辦，特別是西方教會舉辦的高等院校也卓有成果。今日回首看，中國自晚清出現的民族工業，雖一波三折，但始終在中國工業化的道路上走。誠然，中國二十世紀工業化之道路（其實就是中國的經濟發展），曲折崎嶇。民國建立後，先有軍閥之戰亂，繼有長達十四年（從九一八起）的日軍侵華，再有國共內戰，中國工業化之路可謂艱苦險阻，但還是取得一定的成績。推究其源，實因大學培育的科學知識與人才，發揮了重大的作用。1949 年後，國民黨在台灣，共產黨在大陸，分別展開了不同的工業化之路。簡單說，台灣走的市場經濟之路，逐步完成了從農業向工業的轉型，到了七十年代後期，台灣已躋身為「亞洲四小龍」之一，成為世界十分成功的新興工業化社會。至於中國大陸，共產黨創立人民共和國後，第一個五年計劃走的是史達林的重工業建設，取得可觀的成績。但五十年代後期，在毛澤東領導下，全國發起「大躍進」和反右運動，緊接着六十年代中，更爆發了無產階級文化大革命，一大步一大步地走上「非工業化」及「反工業化」之路，也是一大步一大步走上「非現代化」和「反現代化」之路，終於在世界範圍，中國的社會經濟陷於最落伍的國家之一，甚至到了被開除「球籍」邊緣的悲局。之所以造成中國史無前有的悲局，其最大的要害之一是反智，反知識（如「知識無用說」、批「白專道路」等）。在文革時期，中國知識人（讀書人）遭到了三千年來從未有過的、在社會中被如此邊緣化的

命運。也因此，中國的大學教育（當然包括科技教育）中斷了幾近十年。文革結束，鄧小平復出，他最先最重要的「撥亂反正」，就是重新端正科學與教育（科教興國），以此恢復了高考，重啟了大學，為開動「四個現代化」填鋪了基石。

1978年中國的改革開放政策，可以看為一百五十年來，中國現代化的第五波。這一波現代化，從「以階級鬥爭為綱」轉為「以經濟建設為中心」，並以解放生產力為重中之重。「改革開放」的政策口號與大陸文革浩劫從人心「望變」「求變」「能變」的心理是貼切相符的，也是與七十年代世界出現的經濟全球化的情勢十分相應的。回眸過去改革開放的三十餘年，中國大陸真正發生了翻天覆地的變化。上世紀末，中國大陸已成為「世界工廠」；本世紀初，更成為世界第二大經濟體。中國的工業化、城市化全面快速發展，今天工業人口已達全國人口之半，城市人口也已近半，交通、資訊化之發展更接近國際水準，人民的衣、食、住、行、娛樂等生活領域呈現的是工業文明的面貌。中國大陸是三千年來第一次決定性地由農業文明向工業文明大轉型。

中國工業化之所以能在短短三十年中取得如此神速的發展，原因很多，其中一個十分重要的原因，是巨大的外資與技術持續地蜂湧而入（很多年中，一年的外資逾五百億美元）。數以萬計的工廠，公司紛紛成立，而中國又能提供龐大的勞工隊伍，源源不絕。但至為關鍵的是數以萬計的工廠、公司還需要十倍百倍以上的科技人才，這不可能僅靠海歸或外域的人才供應。事實上這個龐大的人才群，只有靠中國本身的高等院校來供援。就此而言，大學（指整個的高教體系）是中國科技知

識與人才的基地，從二十世紀到今天，這一百年來，以科學為核心的新文化已越來越豐富，越來越有影響，而新文化特別是科學文化則無疑是建造中國工業文明的主要力量。

四、大學的制度力與大學的知識結構

甲　大學的制度力

十七世紀西方發生了一個知識上的革命，那就是牛頓領頭的科學革命（scientific revolution），到了二十世紀又發生一個知識上的革命，可稱之為科技革命（technology revolution）。當然，科技是根於科學的，二十世紀出現知識爆炸現象，應視之為科學知識的大發展，大躍升。鮑丁（Kenneth E. Boulding）在他《二十世紀的意義：大轉型》中指出，二十世紀是科學（包括社會科學）大上升的世紀，那麼，為甚麼二十世紀會出現科學的大上升呢？他提出一個很好的觀點，他說科學在過去只是業餘的工作，到了二十世紀，才有「專業全職」的科研人員，科研成為社會有機的組成部分。我認同鮑丁的觀點，我更想提出大學制度的「制度力」是造成科學在二十世紀的大上升、大發展的基本力量。

我們知道，科學之大發展要靠有科學的群體，過去中國沒有，西方也沒有。英國在 1662 年成立了皇家學會（Royal Society，牛頓在 1703 年任會長），1666 年法國成立了法蘭西科學院（Institut de France）。英法都出現新科學群體，但這些科學群體人員畢竟不多，也並非真正「專業全職」的科研人員。這只有到德國現代型大學誕生，科學進入大學之後，特別

是二次大戰末期，「研究型大學」誕生後，才真正出現了龐大的「專業全職」的科研群體（也包括人文學者的群體）。我們試想想，即以中國來說，中國大陸現有 1,600 間大學（當然並非全部為研究型大學），總共會有多少「專業全職」的教員和研究生？百年來（二十世紀），中國當有數以十萬計的「專業全職」的教員和數以百萬計的研究生，他們都是專業地全職地做研究，這是過去三千年所未有的，只有在二十世紀的中國才有。大學的制度設計的「制度力」，無疑造成今天中國在科學上的成績與人才。美國著名史學家弗格遜（Niall Ferguson）說，自 1995 年以來，中國發明家獲得的新專利數量已成長為原來的二十九倍，他說：「這是東方崛起的一項表徵」，又說：「西方衰退而東方崛起最具說服力的證據是教育。」[05]

乙　大學的知識結構

二十世紀初，蔡元培任教育總長時所頒佈〈大學令〉中，確定大學分為文、理、法、商、醫、農、工七科，而以文、理為主體。二十世紀中葉以來，綜合性大學的知識結構一般分為幾個領域：（1）自然科學；（2）人文學科；（3）社會科學；（4）各種專業學院，如醫、工、法、商、教育、傳播、社工等。六十年代，英國劍橋大學的斯諾（Charles Percy Snow）爵士提出大學出現科學與人文學兩個文化之分立與隔絕，引發大西

05　Niall Ferguson, *Civilization: The West and the Rest*, New York: The Penguin Press, 2011. 中譯本為尼爾・費格遜著，黃煜文譯：《文明：決定人類走向的六大殺手級 Apps》，台北：聯經出版事業公司，2012，頁 395。

洋英美學術圈的爭議，美國哈佛的社會學家柏森斯則以社會科學為「第三文化」，至於各個專業學院，或可稱之為「第四文化」。以今日言，問題也許不是斯諾所說的「兩個文化」的分立與隔絕，其實，一個最顯著的趨勢是科學（第一文化）強力地滲透到社會科學及各個專業學科（即第三文化與第四文化），社會科學及各個專業學科，絕大多數都以科學為範典，或以科學為自我定位。[06] 更值得注意的是：即使在「人文學科」中（第二文化），特別是語言學、歷史學，就有不少學者以科學為範典，也因此，在某種意義上說，「人文學科」已成為「人文科學」。總括而言，大學的知識體系中，科學的「意索」（ethos）已強力地滲透到其他的學術文化中。社會學家柏森斯，把現代大學的知識體系叫做「認知性的知識叢」實非虛語，而貝拉等學者指大學（特別是研究型大學）已出現了一種「知識的科學範典」，此是說所有知識都以科學為圭臬與尺度了。其甚者則把科學與知識等同為一，換言之，唯有有科學屬性的知識才算是知識，也就是說「非認知性」的知識已不能算知識了。誠然，這是「唯科學的知識觀」，也即是「科學主義」（scientism）。當然，科學主義已受到嚴厲的批判 [07]，「知識的科學範典」的知識觀也受到嚴肅的質疑。但實際上，科學知識之當陽稱尊是顯而易見的，無可諱言，講「價值」的倫理學或

---

06 參見金耀基：〈範典與社會學的發展〉，收入《社會學與中國研究》，香港：牛津大學出版社，2013，頁1-26。

07 參見金耀基：〈從大學之道說中國哲學之新方向〉一文，收入《再思大學之道》，2017 香港，2020 北京。

人文學則相對地被邊緣化了。此所以我十餘年來一直在指出，今天的「大學之道」與《大學》一書中所講的「大學之道」已大不同了。《大學》中所講的是：

大學之道，在明明德，在新民，在止於至善。

而今日大學中實際上是：

大學之道，在明明理（明科學之理），在新知（創科學的新知），在止於至真（科學之真理）。

古今「大學之道」之異，在於古之大學之道在求「善」，而今之大學之道在求「真」。這個古今之變，從根本上說，反映了我所說的中國現代化的第三個主旋律——從經學到科學。在這裏，我特別想指出，在中國現代化中大學的學術文化之變是從經學到科學，而在西方大學，則是從神學《聖經》到科學，中國的「經學」之終極目的是求「善」，西方「神學」之終極目的亦是求善。到了二十世紀，中西方的現代大學知識體系中，沒有了「經學」和「神學」，都變成了或多或少的「認知性的知識複合體」，也即在大學的知識結構中，以求「善」為目的的「德性之學」（「德性之學」是相對於科學之為「知性之學」，亦即「認知性之學」而言者[08]），或講「價值」的「價值教育」，已經「失序」。2006 年，魯易士的《失去靈魂的卓

<hr>

08　參見牟宗三：〈略論道統、學統、政統〉一文，收入《生命的學問》，台北：三民書局，1970。

越》一書 ⁰⁹，加強了我對古今的「大學之道」的看法。魯易士說哈佛大學在科研的創新知識上是「卓越」的，但哈佛在本科教育上是失敗的，已沒有了「靈魂」，他說哈佛已不知甚麼是「好的教育」。魯易士認為大學教育的責任是「使學生的『腦』與『心』一起成長──使學生成為一個學識與德行兼有的青年」，但他批評哈佛說：

> 大學已失去，誠然，已自願放棄，它鑄造學生靈魂的道德
> 權威。

我要毫不保留地說，魯易士對哈佛大學教育的批評，可以適用於現在所有研究型的大學，西方的、中國的（包括香港的與台灣的）都不例外，最多只是程度上不同而已。魯易士教授應該知道，現代大學之所以忘掉甚麼是好的教育，歸根結底，就是因為大學只是把求「至真」看作教育的終極目的，而忘掉了或放棄了古代（中西皆然）大學是以求「至善」（或亞里士多德所謂「最高善」the highest good）為終極目的的。所以我要嚴肅地提出，古之求「至善」的大學之道，與今之求「至真」的大學之道，兩者不可偏廢。古與今的大學之道必須兼重並舉，唯如此，大學在科研上可以有「卓越」，大學教育上才能有「靈魂」。

09　Harry Lewis, *Excellence Without a Soul: How a Great University Forgot Education*, New York: Public Affairs, 2006.

五、大學與中國現代文明的建構

2013 年上海人民出版社為我出版了《中國現代化的終極願景》論文集，我指出一百五十年的中國現代化之終極目標是要締建一個「中國的現代文明秩序」，它應包括：

1. 一個有社會公義的、可持續發展的工業文明秩序
2. 一個彰顯共和民主的政治秩序
3. 一個多元開放，兼有真善美三個範疇的文化秩序 [10]

中國現代化文明秩序的建構，說到底，靠的是知識（是多維度的知識，不是單維度的科學知識）。現代大學，如寇爾（Clark Kerr）所指出，是「知識工業」（knowledge industry）的基地。無疑地，中國的現代大學負有締建中國新文明的重要責任。締建中國的現代文明秩序，主要的是要彰顯「中國性」與「現代性」。所有「現代文明」都會有一定程度的「共性」（如工業文明、科技文明），但「中國性」則因中國的民族文化的發展有自己的「國情」（如發展階段），特別是民族文化長期汰舊換新的過程中積澱而顯發出來的文化傳統，這必成為中國現代文明中的「特性」。我上面提到「中國的現代文明秩序」中要包括「一個多元開放，兼有真善美三個範疇的文化秩序」，這是說在一「文化全球化」的時代，中國必然向世界開放，與多元的世界文化交流、互動，彼此借鑒學

一一三

大學與中國現代文明的建構

10　中國現代文明秩序的具體內容，我在 2014 年台灣高雄中山大學的「余光中人文講座」中的〈中國現代化與文明轉型〉及〈大學教育的人文價值〉兩講中作了具體的表述，前講見《中國文明的現代轉型》，廣東人民出版社，2016。後講見拙著《再思大學之道》。今我在此再作細微修正。

習，但亦正因文化的全球化，中國的文化傳統才更被啟動，激發。我相信，並已經看到、體認到中國求「善」的倫理文化與求「美」的審美文化，正在中國出現的現代文明的大場景中以新面貌、新精神漸次展現於人間。

在今日世界範圍內，歐美的「現代文明」是最早，也是唯一「已完成」的形態，但唯一或最早的「現代文明」並不具有「範典」的地位。[11] 誠然，締建中國的現代文明，應該也必然以「西方現代文明」為參照體系，但是卻不應，也不可能完全模仿、照搬。如實地說，二十世紀中，西方的現代文明確有輝煌燦爛的一面，但無可諱言，也有「黑暗」的一面（兩次世界大戰），此所以西方現代文明不能是「現代文明」的普世範典。研究世界文明衝突的著名學者亨廷頓（Samuel Huntington），就認為西方文化缺少成為世界文明新秩序的普世的正當性與可能性。他說：「西方人對西方文化的『普世性』的信念，有三個問題：即這是虛妄的，這是不道德的，這是危險的。」[12]

史學家許倬雲在新著《現代文明的批判》[13] 論述中，指出西方現代文明（特別是美國的現代文明）已面臨種種「困境」，已進入「秋季」，已是「日薄西山」，由興盛走向衰敗了。許倬雲認為美國的現代文明的基石，如資本主義的經濟制度，主

11　參閱金耀基：〈東亞另類現代性的興起〉，收入《中國文明的現代轉型》，香港：牛津大學出版社，2014。

12　Samuel P. Huntington, *The Clash of Civilizations and the Remaking of World Order*, New York: Simon & Schuster, 1996.

13　許倬雲：《現代文明的批判》，台北：天下文化出版社，2014。

權為本的國家體制，乃至民主政治、個人主義，無不已經變質、異化、鬆弛、敗壞了。在美國生活了半個世紀的他更深感西方現代文明的精神世界已出現了人的失落，社會的失落，而呈顯生命意義與存在意義的危機。顯然地，許倬雲也認為西方現代文明已不具現代文明範典的正當性了。當然，許先生對人類的未來是仍抱希望的，他也承認西方現代文明「確實有其自我調整的機制」，但他真正希望之所寄，則是人類能創造他希望的「第二個現代文明」。

許倬雲教授感於西方現代文明的失敗，從而把希望寄託於人類能創造「第二個現代文明」，他這一論述，對我有很大的觸動。因為我四十年來對中國現代化的終極想像和終極願景就是中國的現代文明秩序的實現。我不知「中國的現代文明」是否能成為許倬雲所希望的「第二個現代文明」，但我相信「中國的現代文明」將會是一個有中國文化性格的現代文明。中國的現代文明的締建是需要全民族長期努力以赴的共業，大學則是關鍵性的組織體，因為它是為締建中國現代文明提供必要的知識與人才的重地。

回眸五四百年

簡談中國的兩個「新文化」*

五四與中國現代化

百年前，1915 年開啟的新文化運動是中國決定性地走上現代的一個思想、學術的文化運動。五四新文化運動是繼清中葉曾（國藩）、李（鴻章）的洋務自強運動，清末葉的康（有為）、梁（啟超）的維新運動，孫中山的辛亥共和革命之後的一次思想文化上的現代化運動。

「五四」是一個文化的符號。「五四」代表的不只是「五四運動」（這是當年北大學生羅家倫起的名詞），也代表五四運動之前與之後的新文化運動（這是孫中山最早用的名詞）。五四運動主要偏重於政治層次，是以學生為主導而遍及社會各

---

* 此文原為香港集古齋出版的《美術家》雜誌 2019 年「復刊號」而寫。

階層的反帝國主義、反腐敗政府的愛國運動。新文化運動則基本上落在思想、文化層次，是新知識份子企圖從思想文化的根源上來推動中國的現代化。

五四新文化運動的定性

我這篇文字所談的是五四及新文化運動。對於新文化運動，自來有兩種定性的說法，一說是中國的啟蒙運動，一說是中國的文藝復興。五四時代出現的「打倒孔家店」、「吃人的禮教」、「把線裝書丟到茅廁去」等文化極端主義的口號，旨在求個人的解放與自由，其引發的家庭倫理上的思想革命，在在都是對舊社會、舊制度的抨擊以清除文化上的蒙昧主義，與歐洲啟蒙運動（特別是法國大革命）在精神上有一種親近性。五四的領軍人物陳獨秀在《新青年》的創刊號上，稱譽法國是近代西方文明的創始者，顯然他對法國的啟蒙思想有傾心的歸向，故有人就把五四看作是「中國的法國啟蒙運動」，五四倡導的「目標性」的價值——「科學與民主」確可視為是以歐洲啟蒙運動為範典的。至於五四新文化運動另一位領袖胡適，他是白話文運動的掌旗人，他不迷信革命，他是一位理性的改良主義者。他曾用英文寫過〈中國的文藝復興〉一文。而民國七年，即五四運動前一年，北大的學生雜誌《新潮》英文名稱就是胡適用的 "The Renaissance"。

我們必須注意到，在五四新文化運動大潮中，不論是「啟蒙派」或是「文藝復興派」，決不是只有文化上的「破」，也有文化上的「立」，他們是希望中國能產生真正的「新文化」

的，而建造中國新文化的最大資源在西方。事實上，「慕外」或向西方借取吸收學習，是五四的時代精神，胡適不是「全盤西化」論者，但他希望大家「全心、全意的西化」，這是一種理性的文化姿態。當時被視為五四護法的蔡元培先生就是極力主張學習吸收西方文化的，他說：「今世為中西文化融合時代，西洋之所長，吾國自當採用。」蔡先生希望的是「貫通中西」。從中國歷史的長遠觀察，漢末佛教傳入中國，造成了十世紀後中國的「新文化」。十九世紀末到五四以來的百多年，西學西藝進入中國，波瀾壯闊，五光十彩，規模之大，影響之深遠逾佛教。科學界的牛頓、達爾文、愛因斯坦、愛迪生等等；哲學界的柏拉圖、亞里士多德、康德、黑格爾、尼采、彌勒、孔德乃至杜威、馬克思等等；文學界的沙士比亞、歌德、雨果、易卜生等等；藝術界的達文西、米開朗基羅、馬蒂斯、莫內、羅丹，乃至畢加索等等都進入中國。這個榜單還長得多，我也只是隨手舉例，主要是說明五四百年中，中國出現的是三千年未有的文化景觀。同時，我也想說明五四百年來，中國的知識界、文化界有幾代的英傑，一方面吸收消化西洋之所長，一方面從傳統中挖掘精華，做出了「貫通中西」和「返本開新」的大成績，造成了中國現代的「新文化」，我要談的「科學文化」與「美學文化」是「新文化」的核心組成。

中國的「新文化」（一）——科學文化

甲

五四新文化運動中最突出的一面是批判、反對中國的傳統

文化，無疑地，中國傳統文化確是受到史無前有的衝擊，但是，真正受到衝擊的是當時稱尊的「經學文化」，因為經學文化是兩千年來中國的主導文化，自漢武帝獨尊儒學，罷黜百家，儒學成為了國家獨尊的「經學」，先秦百家爭鳴的「子學時代」已轉變為「經學時代」（馮友蘭語）。儒家的典籍（四書、五經）是漢之後歷代的大學（太學、國子監）教育與隋之後科舉考試的核心內容。自漢至清，皇權（帝國體系）與儒學結合，成為中國的政、教（育）合一，故漢之後的儒學（經學）已非先秦儒學，而是與帝制結合的「制度化儒學」，它與帝國的君主制是不能分開的（根本地表現在「三綱」思想）。此所以以陳獨秀為代表的信奉「民主」與「科學」的五四新知識份子要以反儒學作為反中國傳統文化的主力了。應該指出者，儒學的光環到了清末葉，已隨清政府的衰敗日漸褪色，而西學西藝則日漸受到重視，1898 年，連名重當時的儒臣張之洞也有了「舊學為體、新學為用」（即「中學為本、西學為用」）的主張，並於 1905 年與袁世凱聯奏，且為清廷接納頒佈「廢科舉、設學校」的詔書。1911 年辛亥革命，清亡、民國誕生，翌年蔡元培任中華民國的教育總長，發佈〈大學令〉，一方面為大學引進以科學為核心的西學西藝，一方面則取消了「忠君、尊孔」的經學科。從中國學術教育史來看，蔡元培的〈大學令〉絕對是旋乾轉坤的大舉措，它可說結束了兩千年的「經學時代」，開啟了中國科學的新紀元，所以，五四倡導的「科學」的思想在二十世紀初以來就已經是思想界的一個強音了。

　　講「五四」，我們當然會講到 1919 年，但講五四新文化運動，則不能不注意到，五四基本上是一場思想革命，而這場思想革命在五四之前三十年就已進行了。特別值得提出的是，五四之前，中國已有一百二十三間新式的學校，這些高等院校，都是新思想教育傳播的地方。蔡元培、陳獨秀、胡適都是北大教授，大學之成為五四新文化運動的基地是很不足奇的。如果就倡導「科學」思想這一層來說，則不能不注意到二十世紀初以來中國學術思想界出現的多個「科學社群」，其中最主要的是 1914 年成立的「中國科學社」，主事者有任鴻雋、趙元任、胡明復等，參與的特別社員有蔡元培、馬君武等，名譽社員有張謇和美國的發明家愛迪生等。科學社群的活動是頗為活躍的，自 1900 年到 1919 年五四前，共有一百多種的科技期刊創刊，其中最著名的是中國科學社的《科學月刊》，這批科學社群在倡導科學與科學實踐上都扮演了科學知識的創造與傳播的角色。值得一提的是，五四新文化運動中胡適、陳獨秀等主流派學者的言論基調，始終是自覺地以科學的姿態來批判、解構中國的舊制度、舊習俗、舊信仰，也以科學的姿態建構科學的人生觀、價值觀、世界觀。汪暉很有意思地把五四新文化運動視作為「科學話語共同體」。他說：「我把以《科學月刊》和《新青年》為代表的相互交叉的兩個群體稱之為『科學話語共同體』，他們用不同的方式共同創造了一種新的關於『人和世界的知識』。」[01]

01　　汪暉：《現代中國思想的興起》下卷，北京：生活・讀書・新知三聯書店，2004，頁 1209。

科學作為一種知識體系，自民初蔡元培頒佈的〈大學令〉起，在大學殿堂中，已經取代了經學地位。其後經科學社群的鼓吹倡導，特別在新文化運動中得到大力的張揚推動，科學不只在知識份子，也在社會一般人群眼中享有了特有的知識權威性。胡適在 1923 年 11 月說：「這三十年來，有一個名詞在國內幾乎做到了無上尊嚴的地位，無論懂與不懂的人，無論守舊和維新的人，都不敢公然對之表示輕視或戲侮的態度。那個名詞就是『科學』。」無疑地，科學在中國出現過「科學萬能」的迷信，也出現過「唯科學知識是知識」的「科學主義」，但是，科學（自然科學與社會科學）固有它的有限性，畢竟是我們理解和適應自然世界與社會世界的最可依靠的知識。事實上，沒有科學，我們進不了現代；沒有科學，我們不可能有工業化，不可能從農業文明進入現代的工業文明。今天，我們的衣、食、住、行、育、樂無不與科學（科技）有關，中國人的平均壽命，1900 年是二十九歲，今天則已七十五歲之上，基本上這是拜科學之賜。當然我們知道，科學也給人類帶來災難性問題，人類從未像今日一樣面臨着核彈毀滅的威脅。但無論如何，科學將與人類命運不分，人類將與科學在不斷反思中同步前行。

丙

楊振寧教授說，1900 年，中國無一人懂微積分，但到了三十年代，在抗日戰爭中的西南聯大，他學得的物理數學的知識與在歐美一流大學中已無距離，這固然是楊教授個人的科學稟賦，但亦反映了當時中國一流大學科學教育的水平。

誠然，科學在中國的發展是與中國大學的發展是同步的。中國之大學「乃直取歐洲大學之制而模仿之，並不自古之太學演化而成也」（蔡元培語），中國的大學一開始就以科學為教研的核心，時至今日，大學（特別是研究型大學）的課程，科學（以自然科學與社會科學為主心）已佔 80% 或以上，社會學家柏森斯（Talcott Parsons）認為大學的知識結構已是一「認知性的知識叢」（cognitive complex），加州柏克萊大學校長寇爾（Clark Kerr）更指大學是「知識工業」（knowledge industry）的重地，此於西方的大學如此，中國的大學亦如此，大學是最具世界性與全球性的，講到底，這是因為大學的核心是科學，而科學是普世性的。

回眸百年五四，賽先生（Science）的命運比德先生（Democracy）好得多，但一百年來，賽先生與大學也歷經戰禍動亂之坎坷，文化大革命期間，大學更遭到存亡續絕之危機。1978 年的改革開放，大學才得以重上現代化的正軌，展現了大發展的契機與格局，今天中國大陸已有近二千間的不同類型的大學，其中有的是老大學煥發新貌的一流學府。今日中華大地，大陸、台灣、港澳，大學林立，不少在世界約二萬五千間大學中已位居前三百、二百，甚或前百間之列，這可以說是亞洲崛起、中國崛起的大風景中閃閃亮點。著名史學家弗格遜（Niall Ferguson）在他一本講文明興衰與競賽的書中說：「自 1995 年以來，中國（大陸）發明家獲得的新專利數量已成長為原來的二十九倍，這是東方崛起的一項表徵」。又

說：「西方衰退而東方崛起最具說服力的證據是教育。」[02]

科學當然不僅是指發明家的新專利權，今日中國在科學（科技）的實踐上有的部分已達國際先進水平。衛星、人工智能、5G、高鐵、深海探索等都已居世界的前沿。講到底，科學也是一種思維、行事的方式，是一種人生的態度，甚至是一種生活方式。一句話，科學是一種「求真」的文化，即科學文化。百年來，「科學文化」已在中國落地生根。

中國的「新文化」（二）── 審美文化

甲

五四新文化運動建造的新文化第一個是科學文化，第二個是美學文化（或審美文化）。科學文化是從西方引進的，由西到中，涉及中西兩個維度；美學文化則既是由西到中，又是自古到今（返本開新），涉及中西、古今四個維度。美學（或審美之學）的概念或美學這個名詞是從歐西傳入的。中國倡導美學和美育最著名的是蔡元培先生，蔡先生在〈美育〉一文中說：「自文藝復興以後，文藝、美術盛行，及十八世紀，經包姆加敦（Baumgarten）與康德（Kant）之研究，而美學成立，經席勒（Schiller）詳論美育之作用，而美育之標識，始彰明

02　Niall Ferguson, *Civilization: The West and the Rest*, New York: The Penguin Press, 2011. 中譯本為尼爾・弗格遜著，黃煜文譯：《文明：決定人類走向的六大殺手級 Apps》，台北：聯經出版事業公司，2012，頁 395。

較著矣。」[03] 蔡先生是中國現代大學範典之建立者[04]，他也是第一個把美學提高到與科學同等位序的教育家，他說：「教育的方面雖也很多，他的內容，不外乎科學與美術。」他在五四發生當年的 12 月寫了〈文化運動不要忘了美育〉一文，強調「文化進步之國民，既實施科學教育，尤要普及美術教育」。

「美育者，應用美學之理論於教育，以陶養感情為目的者也。」蔡元培認為美育，不只是在大學中講美學（他曾親自在北大講美學課），也要在各級學校中有美育科，學校之外，更希望美育之作用遍及於家庭與社會。蔡先生認為含有「美育成份」的不只是限於純藝術的美學，也包括日常生活的美學。他說：「若漢魏之文苑，晉之清談，南北朝以後之書畫與雕刻，唐之詩，五代以後之詞，元以後之小說與劇本，以及歷代著名之建築與各種美術工藝品，殆無不於非正式教育中行其美育之作用。[05]

在本文中，我願以「美學文化」來簡談五四百年來含有「美育」成份的「新文化」。

乙

美學文化中國自古有之，且十分繁富豐美，但在兩千年的「經學文化」獨尊的局面下，經學是「中國人思想之君

03　北京大學元培學院編：《蔡元培先生教育文集》，香港：中華書局，2018，頁 202-209。

04　見本書〈蔡元培與中國現代大學範典之建立〉一文。

05　晨報副刊，1919 年 12 月 1 日。

主」[06]，美學文化（文、賦、詩、詞、書、畫等）在中國傳統文化位序上是居於次要的位置的，至於民間社會中的美學文化，如戲曲、曲藝（相聲、評書、彈詞、工藝等）更不能登大雅之堂。但自 1912 年經學退位，特別是五四新文化運動之後，中國傳統的藝術（包括民間的藝術）在「返本開新」中展露了新的光彩，它與排闥而入中土的西方藝術碰撞交融，共同譜寫出現代的中國「美學文化」的獨立風姿與五色繽紛的文化圖像。

在傳統中國，以經學為主的人文思想的特性是道德、倫理，《大學》開卷就說：「大學之道，在明明德，在新民，在止於至善。」成人讀書進道以求「善」為最大願景，儒學是以建造人間之倫理秩序的文明為終極目標。儒學之講禮樂教化，也就是要達到儒家倫理文明之境地。一句話，儒家的經學是以求「善」的內涵的「倫理文化」。

不過，自漢以來兩千年儒學獨尊的「經學時代」中，也出現過像五四新文化運動那樣的反儒學運動，而這恰恰發生在漢之後的魏晉。魏晉之時中國政治社會衰退，兩漢的經學失去了正當性，魏晉人對於漢魏晉間政治上的禪讓等，看作是一大虛偽，是一假借與文飾，他們強烈要求擺脫外在禮義之規範，有一種人的自覺意識，像莊子一樣，尋求自我的解放與自由，個體的「真實存在」。阮籍、嵇康之「非湯武而薄周孔」以「禮豈為我輩設？」，實在追求自我和解放。魏晉士人的安身立命

06　馮友蘭：《中國哲學史》，頁 489。

已從經學轉向藝術之創造。李澤厚以「人的主題」與「文的自覺」為魏晉的產物。「文的自覺」是一美學概念，非單指文學，實包括一般藝術，他指出魏晉人（曹丕是一代表）肯定藝術本身之價值，肯定文章可以不朽，故有「為藝術而藝術的一派」，這就不啻宣示了藝術的主體性，而大有別於以藝術「助人倫成教化」的藝術工具觀了。[07] 我們可以說魏晉是兩千年中可能是唯一「美學文化」壓倒「經學文化」的時代。但之後，美學文化恐怕只有在唐代可與經學文化平分秋色，宋之後，一千多年的美學文化雖代有發展，但經學文化之於美學文化在文化位序上不免有上下主次之判。宋明理學家對於文藝美學的看法，可反映美學在「經學時代」的文化位序。朱熹是宋代最有影響力的大儒，善詩文，且樂在其中，但他對於文藝卻大不高看。明代理學家胡居仁則說：「愚謂今之學者，才氣高者，每馳騖於空無玄妙之域；明敏者，類以該博為尚，利名為心；又其下者，不過務於詩句浮詞，以媚世取容而已，未嘗知有聖賢之學也。」[08]

程頤（伊川）是宋之一代名儒，曾有門生問他：「作文害道否？」程頤答稱：「害也，凡為文不專意則不工，若專意則志局於此，又安能與天地同其大也？」這便是他看文學的價值遠不能如經學（理學、道學）之「能與天地同其大也」。[09]

07　參見李澤厚：《美的歷程》，香港：元山書局，1986。

08　見趙效宣：《宋人之中國文化貢獻史略》，香港：三和印刷廠有限公司，2008，頁533。另見明胡居仁《胡文敬集》卷二，《白鹿洞書院規訓》。

09　見引於杜衛、馮學勤：〈中國美育話語體系的歷史淵源、現代傳統與發展展望〉，北京：《中國文學批評》2016年第4期。另見程頤《近思錄》卷二，《為學》。

　　兩千年的經學時代中藝術沒有像在西方中古一樣完全附麗於宗教，但「文必宗經」（劉勰語）「文以載道」「藝中寓理」長期以來是中國美學文化的身份意識，亦即美學文化並沒有如魏晉時代閃現的「為藝術而藝術」的藝術主體性，乃至有《宋史》中劉摯「士當以器識為先，一命為文人，無足觀矣」的說法，故美學文化之真正得到全面提升、推高，完全獨立的地位，是民初「經學退位」，五四新文化運動（反儒學為主）之後。

丙

　　中國現代美學文化的誕生與發展，我上面指出涉及中、西、古、今四個維度：即如何採取西方的美學觀而消融之，如何挖掘古代美學資源而開新之，亦即梁啟超所言，一是「採補其所本無而新之」，二是「淬礪其所本有而新之」。中國現代美學文化發展中，美學理論與美學教育的探索是居於先導地位的，上面提到蔡元培的美育思想是最為關鍵的。而 1904 年王國維發表的〈孔子的美育主義〉，可能是中國現代美學中最早的一文，他在歐洲古典美學特別是席勒的美育的理論基礎上，闡釋孔子的美育思想，他從《論語・泰伯》篇中「興於詩，立於禮，成於樂」得出孔子「始於美育，終於美育」的美育觀。五四前後，蔡元培的「以美育代宗教說」，梁啟超的「趣味教育」，朱光潛對古代禮、樂精神的現代闡釋，宗白華對魏晉道玄審美人生境界的建構等，「構成了中國學術史上相對獨立的美育話語體系的構建起點」[10]。當然，在美學文化中純藝

10　杜衛、馮學勤：〈中國美育話語體系的歷史淵源、現代傳統與發展展望〉，頁 10。

術的繪畫理論建樹上，徐悲鴻是五四後期的代表人物，他於1927 年自歐返國，強調地宣揚中國畫必須融匯西方的寫實主義與中國的「師法自然」的思想，他以素描為「第一步功夫」，力求達到「以形為重，以形為先」，徐悲鴻一生的美學事業便是接着五四新文化運動的破舊立新的工作的（五四時陳獨秀就疾呼中國畫必須「採用西畫的寫實精神」），徐悲鴻對中國美學文化的貢獻不止是在繪畫上的成就，也不止是對純藝術的美學思想的建樹，並且還在把西方藝術學院教育制度引入中國。藝術專門學院的制度建立，對中國現代美學文化體系之形成至關重要。

丁

五四百年，從今日大陸、台灣、港澳的整個文化圖像版圖來看，五四弘揚推動的中國現代的美學文化已有了體系性的建立與發展，已展現頗有可觀的美學風景。在這裏，我們應有一個基本的認識，即美學文化的發展是與整個社會、經濟、政治、文化的發展息息相關的。過去一百年，是一個從傳統向現代轉型的歷史進程，中國今日已從農業文明轉向工業文明，所以，今日中國的美學文化與傳統中國的美學文化是很不同的文化面貌。誠然，中國在百年轉型過程中，幾乎有一半以上的時間是在戰爭與苦難中度過的，一般民眾是處於求生存的層次上的。在農業經濟為主導的年代，廣大農村與邊緣城鎮大都未擺脫貧、愚（教育不到位）狀況，出現的是社會學上所稱的「貧乏文化」（應該指出在工業經濟發展後期的富裕城市，也曾會出現更可嘆的「文化貧乏」），根本談不上真正的「美

學文化」。特別是十年文化大革命期間，由於意識形態的強橫干預，幾乎是全國都產生美學文化極度的狹窄化與普遍的貧乏化，有學者指出文革時期出現的「三結合」創作班子，即「領導出思想，群眾出生活，藝術家出技巧」，藝術也就走向徹底的敗落。[11]

1978 年改革開放後的四十年，中國在經濟現代化上獲得了巨大的成就，在經濟水平（不是實力）與港台兩個「小龍」已處於同一發展的座標上。以此，三地在美學文化上亦自然多了交流與合作（如兩個故宮書畫的聯展，香港不久亦將有北京故宮的分院）。誠然，大陸非凡的交通硬件的建設，已使中國真正變成一盤棋、一個文化。快速的城市化，成百上千的大小城市的建築（新建或重建）絕對是三千年來地表上最大的換型與變貌。中國已走出貧窮。在市場經濟的運作下，特別是在國家有意識地自我設限，國家權力從社會有意識退出的時期，民間社會獲得了三千年來前所未有的新的活力，正因為此，美學文化也展現了從未之見的繁盛的局面。應該大提特提的是，在太陽照不到的文革時期，長期停擺的大學（包括各種專門的藝術院校）重上正軌，並得到飛躍性的發展，今天公私立大學高校已近兩千所，每年有近七百萬的畢業生（包括數以萬計的藝術人才），這無疑是中國持續發展、創新的根本動力，而美育人才的源源進入社會，是美學文化體系供給面的重大能源。

11　張道一：〈藝術與人生〉，收入陸挺、徐宏：《人文通識講演錄》（美學卷），北京：文化藝術出版社，2007，頁 175-190。

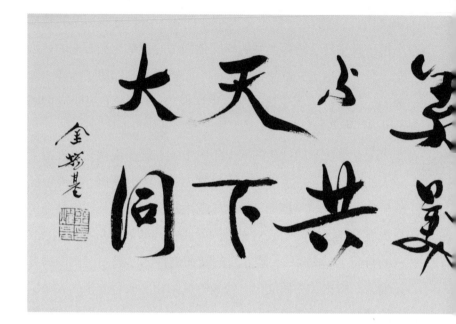

戊

美學文化的核心是藝術，藝術種類多樣，形式紛繁，西方有「八大藝術」的說法，即文學、音樂、繪畫、戲劇、建築、雕塑、舞蹈和電影；而此在中國，則常又可分為中、西兩類，如中國畫與西畫（油畫），中國傳統音樂與西方音樂，中國文學與西方文學等等。「八大藝術」之外，還有中國藝術特殊的品種，如書法、戲曲（中國傳統的戲劇形式，如京劇、崑劇）、曲藝（如相聲、評書、彈詞等），而由於科學與藝術越來越深的結合，更出現了藝術的現代品種，如攝影、電影、電視（電視劇）等等，故中國當代美學文化中的藝術可謂是中、西、古、今的大集匯，內涵之豐富遠非傳統的美學文化可以比擬，此我所以要把五四開展的美學文化稱為「新文化」。

　　百年來產生的美學文化之所以為「新文化」，更在於美學文化體系的制度建立，對於藝術人才的養成與致用，藝術成果的收藏、展覽、演出、傳播等各個環節都有國家和社會（市場）的參與支持和配合。我只就繪畫、音樂為例簡談幾句。今天我們有大學的文學院（內設藝術系、音樂系），有美術和音樂的專門學院；有博物館、美術館、音樂廳、圖書館、出版社；有畫廊、展覽館、音樂會、演唱會，還有最反映市場經濟性格的拍賣活動等等。令我最感興趣的是，今天繪畫、音樂的從業者都冠上了藝術家之名，而藝術家像科學家一樣都是新文化的寵兒、英雄，在社會上都普遍受到歡迎、尊敬。當然，我們知道，有些藝術如電影、電視、歌唱的著名藝人，甚至被冠上了星星的封號，電影明星、電視明星、歌星，千千萬萬的觀

眾、聽眾都成了觀星族、追星族。現代的美學文化的一個突出現象是藝術已走出宮廷（在中國），走出教堂（在西方），它走向社會，走向市場，走向千戶萬家，簡言之，這是美學文化的民主化。

現代美學文化的民主化，表現得最生動的是生活美學。因着社會經濟條件的普遍改善提高，有產者日眾，早已超過了生存的層次，人們是在日常生活中開始講求生活的趣味和美感。衣已不止是為蔽體，而是要有美服，而裁縫則稱「服裝設計師」；食不止為飽肚，而是要有美食，而廚子則稱「廚藝師」。所謂美服、美食是指在實用之外，有美感的元素。值得注意的是，生活的衣、食、住、行、育、樂的各個領域，除食之外，佔盡市場風騷的幾乎是歐西的產品。但這個「西風壓倒東風」的現象，倒不盡然是「外國月亮比中國圓」的心理反應。時至今日，國人對於美（美食、美物）之選擇已日漸從「唯西為上」轉到「唯好為上」了。在生活美學上，所追求的是感覺上認為最好味、最好看的，而不在意是「中國」的或是「西方」的。試看今日茅台之雄霸酒國，豈只因茅台是國酒也乎哉？！這也是國人在美學「品味」上的一個獨立性、自主性的表現。事實上，在今日全球化的時代，不止有經濟的全球化，也有文化的全球化。當代的中國生活美學，即以「食」的範疇來說，就已不止限於中與西，早已「全球化」了。不是嗎？日本料理、印度菜、韓國菜、泰國菜不都是今天中國人美食的選項？

最後，我想對中國現代美學文化的純藝術生態與成就，提出一些觀察，今日中國境內，藝術的品種如前所述，因西方藝術之引進與現代科技與藝術之結合而大大豐富了。更重要的

是，因經濟的發展，越來越多的人走出貧窮，越來越多的人進入小康乃至富裕階層，社會產生了越來越強的美學需求，藝術人有了新的身份與地位，美學更有了民主化的趨勢。我們必須注意到，今天已有數以萬計的人投身藝術專業（以及與藝術有機結合的專業）的工作。同時，每年都有數以萬計的青年男女進入藝術專業的高等院校，成為藝術追夢的大軍，必須說三千年中國的文明史中從沒有過像今天這樣的藝術生態。

要判定百年以來中國藝術的成就，我沒有能力，也沒有對各個藝術專業的知識與研究，但我願憑我長期對藝術文化的觀察，提出一個印象式的評斷。百年來，中國廣大的藝術界可說人才輩出，在文學、繪畫、書法、音樂、雕塑、建築、戲曲、電影，各個新舊藝術領域，無不有至少「一位到五位」真正大師級或世界級的藝術家（我特意不點出藝術家的名字，希望讀此文的諸君憑自己的判斷，試予填上）。所以，我認為五四百年來，在「美學文化」上的成就是十分可觀的，我甚至要說，如以五四百年與中國歷史上任何一個百年的美學文化的成就作一比較，五四百年都不會遜色的。

錢穆側影

《錢穆先生談話錄》序

一

1990 年 8 月 30 日，錢賓四先生在台北離世，我曾寫〈在歷史中的尋覓：憶國學大師錢穆先生〉一文，追念我有幸相識相交十三年的一代學人。賓四先生在我夫婦心目中，不止是一位望重士林的國學大師，更是一位言談親切、風趣可愛的長者。我們感到錢先生已走進歷史，後人只能在歷史中去尋覓他了。記得許倬雲大兄在 1989 年見了錢先生後跟我說「一位歷史巨人正在隱入歷史」。誠然，賓老不死，只是隱入歷史。

錢賓四先生走進歷史，留給人間的是一筆巨大的文化遺產。他手創的新亞書院，他與夫人苦心經營的素書樓⋯⋯當然，最重要的是他一生撰寫的《錢賓四先生全集》，這五十四本著作在錢穆先生生前已經贏得「當代經典」的地位。但錢先生在生之時，並沒有出版全集的意念，這是他的「古人之

風」。錢先生曾說：

> 中國古代學人，從沒有在生前計劃出版全集的。學術是要
> 經得起時代考驗，必要經過後人的評價，才能獲得留傳。[01]

又說：

> 自古以來的學人很少有及身而見開花結果的。在今天講
> 文化思想，似乎不像科學家的發明，不論別人懂與不
> 懂，即可獲得舉世崇拜，因為科學有一個公認的外在價
> 值，而講文化思想只有靠自己有一份信心來支持自己向
> 前，靜待時間的考驗，來給予公平的裁判，而其結果往
> 往要在身後，這非具有大仁大智大勇者不能為。我只感
> 謝上天賦予我們這一代人的使命，而它會使我們的生命
> 充滿了意義，具有了價值。[02]

錢先生於 1990 年逝世，歸葬於故鄉無錫太湖之濱後，錢
先生夫人胡美琦便在萬般悲痛的心境中一肩擔負起《錢賓四先
生全集》的出版工作。胡美琦陪伴錢先生的後半生，風雨同
路，休戚與共，她是以「生死相許」的情懷投入到這份工作中
的。胡美琦為出版先夫的全集，曾有這樣的追述：

> 五十四本一部大書，沒有編輯處，也沒有編輯委員會，
> 利用我家作總聯絡收發，可以想見我當時生活的忙亂。

01　胡美琦：《賓四先生與素書樓》，台北：台北市立大學，錢穆故居，2015，頁 71。
02　胡美琦著，頁 18。

幾乎一連四年，我每夜工作到早上三、四點，先後兩次心律不整，幸而有驚無險，也幸而那時《全集》即將完工，緊接著我因雙眼模糊，行動不便，先後兩次開刀。有關賓四著作出版的事，此事說來話長，幾十年的經過，點點滴滴在我心中竟成了一連串不忍訴說的辛酸史。[03]

一點不誇張，錢夫人是以「洪荒之力」完成了《錢賓四先生全集》的。此部全集於 2000 年由台灣聯經出版事業公司出版。又經過幾年的周折，「全集」終於「一字不改，以繁體直排，在大陸發行」。[04] 我相信，身在太湖之濱的賓四先生在天之靈，一定會對他的夫人和知音胡美琦的用心之苦與用心之美是極感欣慰與感念的。因為胡美琦明白「賓四晚年最大的心願是把他全部著作帶回中國大陸」。[05]

二

去年（2019）年 12 月，北京的陳志明先生來信，信上說：

錢穆先生是現代文化史上的巨人，他的學術思想，歷數十年而影響不衰，學界對錢穆先生的研究，方興未艾。此前有《錢賓四先生全集》行世，為後人保留一份完整

03　胡美琦著，頁 70-75。
04　胡美琦著，頁 93。
05　胡美琦著，頁 73。

而系統的專著文獻，功莫大焉。本人此次遍尋海內外報刊，以及求諸網絡，發現《錢賓四先生全集》未收的先生談話錄若干篇，輯為一冊，算是為全集做一補遺。也算是替學界做一小小的蒐集整理工作。

陳先生並表示，他知悉我是賓四先生的「忘年之交」，又言計劃於今年（2020）錢先生逝世三十週年之際出版《錢穆先生談話錄》，且曾徵求錢先生次公子錢行兄的意見，並請我為此集作序。讀信，驚覺賓四先生仙去已三十年了，真不勝懷念之至。令我欣慰的是，錢先生走進歷史三十年之後，他的身影在歷史的長廊中越來越清晰，也越來越高大了。當然，今時後世的讀者，最可能接觸、認識到錢先生其人、其學、其事的就是《錢賓四先生全集》。但《全集》之全未必包有了所有錢先生生前的言談、論說。陳志明先生是一位有心人，他花了大氣力所蒐集到的是九篇文字，它們是錢先生歷年接受訪問中的談話錄，散佚在港、台、大陸的報刊雜誌。這本談話錄，包括蔣中正與錢先生的對話，金庸對錢先生的訪問。錢先生在即時即興的談話中，經意不經意地透露了他對儒學、文學、對中國文化、對人文和人生等等的看法。這集談話錄所展現不是《全集》之外的另一個錢穆，而是《全集》中錢穆這位偉大學者的一個側影。

　　《錢穆先生談話錄》其中幾篇的訪談，很引發了我對錢先生其人、其學、其事的一些聯想，我很願趁此寫序的機會把它寫出來，也可為〈錢穆側影〉增添一個視域。

　　本集收入最早的一文是 1942 年 6 月 22 日的〈蔣中正、錢穆討論宋明理學、儒家思想等的談話〉。我根據錢先生自撰〈屢蒙總統召見之回憶〉[06] 所記，覺得該文日期應該為 1943 年。錢先生自述，1942 年蔣中正先生第一次召見他，錢先生是以「無可獻替，而輕應召，以妄費委員長之精神」為由婉辭謝召的。到了 1943 年春，蔣委員長再召見他與另一百人同見，錢自述「是為我親瞻總統顏色，親聆總統聲音之第一次」。在第一次晤見時，因為與會者逾百人，「垂詢應答，各不超過一兩分鐘」。但翌日上午，蔣氏又召見錢先生於成都軍官學校。二人自十一時談論到十二時，並請錢先生一同午餐，錢先生自述：「歡暢盡懷，如對師長，如晤老友，恍如仍在我日常之學究生活中。」此次與蔣中正先生晤談，錢先生最感到快樂的應該是：「回憶當時社會相識不相識之人，都說我專治史學，而總統當時和我初次見面，卻即說到理學上，而這正是我內心平日最看重、最愛研究的一項學問。」我們知道，錢先生在 1940 年出版了《國史大綱》，聲名大隆，當時社會以史家目之，也十分自然，而蔣中正先生獨獨知錢先生精研理學，

06　《錢賓四先生全集》第 23 冊，台北：聯經出版事業公司，1994。

並以宋明理學之利弊向他請益，錢先生以理學為「最愛」，對蔣中正此舉自不禁有知己之感了。說到這裏，不免引起了錢穆的學術身份的問題，在一個現代學術專業化的時代，學者幾乎都必然是專家，但偏偏錢先生就不是一個專家，他是史學家，也絕對是儒學家。其實，錢先生所寫的中國學術思想的著作，如《西漢經學今古文爭議》《中國近三百年學術史》《中國文化史導論》《宋明理學概述》《四書釋義》《論語新解》《陽明學述要》《朱子新學案》，無一不是有關儒學的傑構。我在此文開端稱他是「國學大師」，正因為儒學是國學中的核心組成，但儒學不等同國學。錢先生謝世後一年（1991），錢先生的高足、著名史學家余英時先生發表了《錢穆與新儒家》四萬字的長文 [07]，風動一時；毫無疑問，這是一篇為錢穆學術定性定位的，最深刻、精微的文字。千言萬語，余英時總結地說：「錢先生的學問宗主在儒家，終極信仰也歸宿於儒家，錢先生是二十世紀國學界的一位通儒。」但余英時此文所要強調的是，錢先生卻不屬於八十年代海內外所盛稱的「新儒家」這個學人門派（主要是指熊十力的哲學門派）。余英時清楚地指出，錢先生與「新儒家」有相同，亦有相異之處。相同的是錢先生與「新儒家」之間有最低限度的一般立場，即都是為中國文化說話，「都在為闡明中國文化的特性」。但除此之外，錢先生與新儒家之間，真是「所同不勝所異」，而根本的根本是，錢先生與新儒家的「學術取向以及對儒學傳統的認識都格格不

---

07 余英時：《猶記風吹水上鱗——錢穆與現代中國學術》，台北：三民書局，1991，頁31-98。

入」。誠然，如余英時大兄所說：

> 新儒家特重中國文化中的「心性之學」的陸、王傳統，而
> 錢先生雖也十分推重陸、王，尤其是王陽明（錢先生著有
> 《陽明學述要》），但他所要繼承的則尤在北宋的綜匯經、
> 史、文學的儒學傳統，他之所以在宋代理學家中獨尊朱
> 子，還不僅因為朱子集理學之大成，更重要的是朱子同
> 時也繼承和發展了歐陽修以來的經史文學。[08]

這樣，我們也不必問為何錢先生晚年要花十年時間去完成
的大著作是《朱子新學案》了。余英時的《錢穆與新儒家》發
表後，我覺得身為「新儒家」第三代代表之一的新亞書院亡友
劉述先的說法是平實的，他說錢穆先生不屬狹義的「當代新儒
家」，卻是廣義的「現代新儒學」的代表人物。[09]

四

錢穆的史論，不少是春秋筆法，《春秋》是孔子所述之書，
是古代「六經」之一，寫史當然求客觀，但客觀的論述中是有
褒貶之筆的，亦即是有價值判斷的。經學是講價值的學問。故
錢先生的歷史書寫是絕對帶有儒家的價值觀落筆着墨的。

讀過錢先生的史學論著，都會覺得他是司馬遷一路的史
家，通古今之變，窮天人之際，經、史會通，文、史兼美。

08　余英時著，頁 70-71。

09　劉述先：《論儒家哲學的三個大時代》，香港：香港中文大學出版社，2008，頁 195。

在〈錢穆訪問記〉文中，當被問到「中國過去的史學家，先生最推崇哪幾位呢？」錢先生微笑答說：「司馬遷、歐陽修、章學誠。」此三位史學家都可說是在不同程度上「綜匯經、史、文學、儒學傳統的」。錢先生的著作，處處有司馬（遷）、歐陽（修）筆法，灑灑洋洋，引人入勝。

在民國三四十年代，史學界大才雲集北京，錢先生以一中學教師之身，孤軍突起，輕身進入燕京、北大的學術殿堂，其聲名不能為大名家如梁啟超所盡掩，而自有光芒（他先後寫過與梁啟超兩本學術史名著同書名的書，不能說沒有一點爭勝的自信）。錢先生寫中國歷史，始終抱有一種「溫情與敬意」，他對金庸與胡菊人自認「我以一中國人來寫中國史，多寫些好處亦應該」。錢先生回憶起他與蔣夢麟先生（曾任北大校長，著有《西潮》等書），在美國史丹福大學見面時一段對話。蔣夢麟到台灣後曾先後讀了《國史大綱》五六遍之多，他在美遇到錢先生，問道：「你寫《國史大綱》怎麼總是挑中國歷史上好的一面來講？」錢先生就反問他：「所謂的好的一面是否是講錯了？」錢先生說：「蔣先生倒也同意我沒講錯。」（見金庸、胡菊人訪談錄）我想指出，蔣夢麟是留美的自由派學者，學識俱佳，在對史學「學派」上的看法，他自然是同情並傾信當時史學的主流派，亦即是當時稱尊的實證主義的科學史學派。錢先生在中國史學界，素來被視為傳統派、保守派，當然，這主要是指錢先生的學術思想的取向，並非指他屬於哪個實際的學派。錢先生一生不立門戶，更不歸附甚麼宗、甚麼派。五四之後，中國的學術風氣無疑是西化派當道引領的，所以不論錢先生的著作份量有多重，錢先生的著作在科學史派學

者那邊是得不到共鳴的。事實上，錢先生是被冷落，被邊緣化的。長期來，中華民國最高學術機構中央研究院的歷史語言研究所，不論在大陸或在台灣，一直都是由傅斯年、李濟之、胡適等持科學史觀的歐美回歸的學者所主持、掌控。也因此，並不太令人驚訝，中央研究院自 1948 年起有院士選舉以來，連續長達二十年，就未聞有錢穆當選院士的訊息。

錢穆先生的早年高弟（錢曾任教於齊魯大學），以歷史地理研究享譽海內外的史學家嚴耕望先生，曾表示他生平最服膺的中國現代四大史學家是錢穆、陳寅恪、陳垣與呂思勉。但錢穆並未如陳寅恪、陳垣於 1948 年當選為中央研究院第一屆院士。其後，嚴耕望先生有一次曾說服胡適之先生，由胡適親自提名錢穆為院士候選人，但仍不成功。直到 1968 年，錢先生在被懇切勸請下接受了院士提名，最後以高票當選為第七屆中研院院士。而此其時，傅斯年、胡適固已早逝，實證主義的科學史觀也已在詮釋派史學興起後，再沒有昔時的壟斷位置。據翟志成先生〈錢穆的院士之路〉一文所記述，1968 年的院士選舉，固然有何炳棣對錢穆的積極推動，但蔣中正對當時中研院院長王世杰也曾表示，中央研究院對錢穆「有欠公道」。其實以錢先生的學術聲望與地位，根本不需要院士桂冠。翟志成很深刻地注意到，錢先生在《師友雜憶》中，對香港大學與耶魯大學頒授他榮譽博士事，娓娓歡談，但對當選中研院院士一事，則「隻字未提」。[10]

10 　參見翟志成：〈錢穆的院士之路〉，台北：《中央研究院近代史研究所集刊》第 103 期，頁 91-126。

在這裏，我想指出，錢先生雖長期為主流的史學圈所冷落，但他的聲名與影響力則終其一生未見褪色。我注意到1978年，金庸、胡菊人訪錢穆伉儷，所作〈歷史、家國與中國人的生活情調〉的訪談錄中，武俠文學大師金庸先生（查良鏞）當錢先生之面是以「一個偉大的學者」稱錢先生的。金庸先生對錢穆先生如此稱呼，很能反映中國社會的知識界、文化界心目中錢穆的崇高地位。

五、

上面，我說到錢賓四先生在社會知識界、文化界心目中的地位，這使我再次想談談蔣中正與一代通儒錢穆之間是如何的關係。

錢穆先生一生是一位教師、學者，他從未想過學優而仕，但他也從未忘國事、天下事，從未「兩耳不聞」現實世界的政治。在中國當代的政治人物中，他對創立民國的孫中山先生是最為讚美的，認為孫中山是「湯武革命與堯舜禪讓，他一身兼而有之」。對於領導抗日戰爭的蔣介石，錢先生亦自認是「平日素所崇仰之人」。當年，錢先生在《大公報》發表過不少文字，其中對蔣氏之領導抗日自有所推崇稱譽。我在鄭會欣出版的《日記中的歷史》[11]中發現，有辛樹幟其人讀錢先生文，甚為賓四惜，謂其「如此發表文字，實自落其聲價也了」[12]。誠

11　鄭會欣：《日記中的歷史——民國名人的公務與私情》，香港：商務印書館，2020，頁19。

12　鄭會欣著，此是《顧頡剛日記》1941年11月10日所記。

然，錢先生與當代許多學者對蔣介石之評價大有區別。當時自由派特別是左派學者，對蔣氏幾無有正面的評論。就我所見，錢先生對蔣氏之「素所崇仰」，在自由派學者中恐只有蔣廷黻[13]之視蔣中正為「偉人」與他是同調的[14]。實則錢穆先生從不「自抬聲價」，因此也談不上「自落聲價」，我認為錢先生對蔣中正心存敬意，最根本的原因是錢先生認為蔣氏是一個對中國傳統文化有深情與擔當之人。而我有興趣的是蔣中正對錢穆先生的相接之道，在我看來，蔣氏對錢先生自始是以國士之禮待見的。

二十世紀的中國政治領袖中被學者或知識份子，批評最多最兇的可能是蔣介石。但比較地說，蔣介石先生對待學者或知識份子卻是最能「禮賢下士」的。蔣介石最後在大陸失敗，可能與他失去學者或知識份子的「士心」有重要關係，這是個十分複雜的大問題，非數語可盡，存此不論。簡單地說，蔣中正對中國文化中「禮」字的把持是頗用心的。他對錢穆，對胡適這樣的大學者大知識份子是特別敬重，特別以「禮」相待的。蔣在敗退台灣後，痛定思痛，整軍經武之時，仍以中國文化為念，遂有中國文化復興的運動。這與大陸反右，文化大革命之反知識份子，反中國文化形成強烈的對比。1949 年後，中國文化之得到維揚無疑是在台灣。錢穆於 1968 年決定自香港移居台北終老正是這個緣由。

1949 年錢先生從大陸南下香港，成為一個「文化的流浪

13　參見本書〈蔣廷黻其人其書〉一文。

14　見蔣廷黻：《蔣廷黻回憶錄》，長沙：嶽麓書社，2017，頁 161。

人」。英國殖民統治的香港，長期來是一個政治意識形態最免疫的地方。香港與大陸之間有一政治的隔絕，五四新文化運動，中國的共產主義革命對香港都沒有產生大影響，百分之九十八的華人中，絕大多數長期來是依循中國文化「小傳統」的生活方式與習慣的（這情形到五十年代，特別是七十年代後，才發生質的變化）。英國殖民「政府」對華人「社會」基本上採取不干預政策。在五十年代初始，錢穆與唐君毅、張丕介等先生在香港創建新亞書院，是抱着為中國文化保血脈的悲情大願的。究實言之，錢唐諸子所主事的文化大業是在香港發揚中國文化中的「大傳統」。新亞最後成為一儒學重鎮，成為中國高等教育中的南天一松。錢先生創立新亞實是書生事業一偉作。但回顧新亞書院初創時，手空空，無一物，艱苦之情，難以言喻，幸得商人王嶽峰先生之濟助，得以苦撐度日，而就在新亞最困難之際，蔣中正也曾從總統府日常辦公費中節省出三千港元送贈新亞。錢先生生前曾不止一次對我語及此事，錢先生固知蔣氏此一雪中送炭之義舉實是支持、體會他維揚中國文化之苦心。1963 年新亞受港府邀請，與崇基、聯合二專院合作建立香港中文大學，自此，新亞成為中大的一個有機組織，而中大亦成為以維揚中國文化為特色的一間現代中國人大學。中大成立不久，錢先生辭去校長（當時稱謂）之職，專心書寫他的《朱子新學案》了。1968 年，錢先生移居台北故宮附近的素書樓，在素書樓，錢先生度過了二十二年的晚年，意想不到的是素書樓的故事中又有一個蔣中正對錢先生以國士之禮相待的插曲，更想不到的是這個很美的插曲，最後竟引起台灣一場有理說不清的軒然大波。

六

　　該書收集的曲鳳還的〈日出而作，日入而息〉這篇談話錄，是記者在素書樓訪問錢穆先生時所寫的。從她筆下，我們可以想見素書樓庭園樓廊，花木扶疏，那一份入目可觸的中國式的清雅古趣。

　　素書樓何由而來？素書樓主人錢穆先生在素書樓如何度過他二十二年的晚年？這個素書樓的故事最好聽素書樓的另一位主人，錢穆夫人胡美琦女士親身說法。下面我根據胡美琦著《賓四先生與素書樓》一書簡述一二，以告天下錢先生的讀者。

　　1968 年錢穆夫婦從香港到台北，搬遷外雙溪素書樓的新宅，以期終老。前一年，香港受大陸文化大革命波及發生動亂，錢氏伉儷於 8 月間抵台，入住自由之家，帶了自繪的新宅草圖，到故宮博物院附近物色土地，得陽明山管理局長潘其武之助，選定在東吳大學鄰近一塊「預留墳地」，並商定先租後購，隨即請錢夫人二哥胡美璜介紹的年輕工程師着手建造。一切安排定當後，就在錢氏伉儷準備返港前二天，「經國先生銜命來訪，表示老總統知賓四準備在台建造家宅，認為應由公家負責」[15]。當時，錢先生並未接受蔣中正之盛意，但後來蔣經國先生直接從胡美璜手上取得新宅設計圖，蔣中正已命陽明山管理局負責興建。就這樣，素書樓應是錢穆的私宅，變成了國府的賓館。錢先生固知蔣先生是以國士之禮待學人，這是公

15　胡美琦著，頁 22。

事，並非私情，當然也不能再辭讓了。寫到這裏，不禁想起一段往事。八十年代錢先生伉儷來港，在我家閒談，因當時香港樓價高漲，談到住所的事，錢先生還曾微笑語我，「素書樓若非蔣總統盛意定要為我建造，我今天亦可稱富有了」。事實上，蔣中正先生在台灣為學人建賓館，非止錢先生一人，蔣中正先後在南港為胡適，在陽明山為林語堂，在外雙溪為錢穆都建造賓館。我曾到過三人的賓館，我到胡適先生的賓館時，他已仙逝（我曾聽過胡適先生數次演講，印象好而深刻）。林語堂先生陽明山的賓館，在六十年代，我曾以商務印書館副總編輯身份前往拜見，所談是出版之事（他曾賜信給我，惜已遺失）。至於外雙溪錢穆先生的素書樓，則是我在七八十年代登門請益最多的。那個時期，我每次自港赴台，不論因公事或私事，必留一個上午的時間到素書樓看望錢先生，這是因為錢先生的雅意。錢先生曾語我：「今日可以與談的人太少，望君來台時，務必來舍作長談。」因此，有許多個上午，在素書樓，我不但享受到與錢先生的言談之樂，也品嚐到錢夫人親烹的午餐佳餚。當然，也時時感受到素書樓的清幽雅趣，廳中掛的「靜神養氣」橫幅，應是朱熹的書法，為全室增加了一份和睦寧靜的氣氛。是的，我多次停足於庭園中的青松素竹，總會聯想到素書樓主人與朱晦翁的千年神交。

素書樓之所以充滿中國庭園美學的情趣，蓋因建築是依錢穆伉儷的手繪的圖樣建造的，而庭園的造境佈景，則全出於錢先生與夫人胡美琦的設想，錢穆先生夫婦在入住素書樓後的三年時光中，對庭園用心最多，「花在院子的費用，常超過每月的生活費」（胡美琦語）。園中一樹一花，一草一石，除了幾

顆高松和大石之外，莫不是錢夫人親力親為，有時搞到「雙
掌起繭，腰臂痠痛」，還是苦中有樂。從這裏顯示錢先生伉儷
是十分講求生活美學的。是的，我覺得在我所識的當代學者中
錢先生最能展現中國士人的生活美學。他在讀書著述之餘，撫
琴，下午茶，擺棋譜（最喜吳清源棋譜），只是到台灣後，牙
齒已拔光，不能吹簫了。但我記得不止一次他在視力恐不及半
的情形下，還滿懷興致陪我夫婦到台北近郊陽明山、北投看山
觀水。

七

素書樓是錢先生在台灣二十二年的居息之地，也是他晚年
讀書著述之所，不經不覺素書樓因人而名傳海內外，成為台北
的一道文化風景。萬萬想不到的是，在錢先生九四垂暮之年，
1988 年 5 月，台北市政府由黨外（國民黨之外）主政，政治
氣候丕然一變，台北市議員公開指責錢先生所居的素書樓，未
與市政府簽約，是「非法佔用公產」，並要市府「限期收回」。
此事一時喧騰於社會，對錢老當然是一大打擊，錢老對黨外
議員的指控，實欲辯已無心力，何況根本也沒有給他辯解的空
間，錢先生夫婦便決定於 1990 年 6 月搬出素書樓，錢夫人追
憶說：

> 搬家前，賓四當時正在病中，我不敢詳告。有天夜裏，
> 我獨自坐在廊上，賓四忽然起牀走來對我說：「要是我再
> 年輕幾歲，寧可到國外去流浪，唉！可惜我現在已經太

老了」，緊接着一聲長嘆，停了一下，他又說：「我有一句話要交代你，將來千萬不要把我留在這裏。」又是一聲長嘆。我的淚水隨着他的長嘆而長流，我為他感到無限辛酸。[16]

我讀到錢先生「要是我再年輕幾歲，寧可到國外去流浪」的話時，我想他是有孔子「乘桴浮於海」的心境的，而他的長嘆更顯露了他絕望性的無奈。事實上，1990 年 6 月 1 日，錢先生夫婦遷出了素書樓，但僅只是三個月，一代學人錢穆竟與世長辭，而無留一言。

在這裏，我必須再引一段錢夫人的話，說明錢氏夫婦為甚麼決定提前遷出素書樓，錢夫人說：

5 月 27 日（1990 年），我代賓四寫了一篇文章，在《聯合報》上發表，題名「非法？合法？訴說外雙溪賓館事件」，簡單地對素書樓與建始末作一說明，也表明我們遷出的意願，此後就積極進行找房子的事。

許多朋友都知道賓四對素書樓的深厚情感，認為既找到了借用契約，沒有滿期，居住合法，不必再搬。賓四漸復原，有一天我們在廊上聊天，他突然說：現在我們來討論一下，為甚麼一定要搬出素書樓？他命我敘述理由，我說，別人看重契約的期限，要辨明現在居住的合法性。我們自己該要辨明的是民國七十二年以前沒有契

16　胡美琦著，頁 87。

約時的合法性，否則，對不起最初以禮相待的主人。搬出素書樓主要基於兩點理由，一是為兩位去世的蔣總統爭清名，我們認定素書樓是國家賓館，不是台北市政府的宿舍。當年兩位蔣先生是公開建築素書樓的。二十年來不是沒有民意代表，從沒有異議，這一段時期自屬合法。今天潮流已變，民意代表忽指為非法，政府又不願出面說明。主人換了，不再把素書樓當為政府賓館，住客也應該知趣地走了。這表示禮賢下士的時期，在台灣已經結束。所以，我們只有搬出素書樓才能替兩位去世的蔣總統表明當年建賓館並不為私。一是為你，人活着必須要有尊嚴，借用契約於八十一年一月到期，報上說某議員表示到期還要再議論。那時你九十八歲了，難道還要再受一次他們呼名喚姓的羞辱嗎？素書樓再好也不值得了。[17]

錢夫人說出了搬遷素書樓的理由，一是為兩位去世的蔣先生爭清名，一是為錢穆保尊嚴。錢先生對錢夫人的這番話是怎樣的回應呢？

那天我們夫婦曾談到半夜，賓四稱讚我是「得道之言」。第二天，故宮鄭小姐來訪，他愉快地對客人說：「我的太太昨天發表了得道之言」，對於遷出素書樓的事，他已經處之泰然。[18]

17　胡美琦著，頁49。
18　胡美琦著，頁50。

錢先生稱錢夫人所說是「得道之言」，這是不能再高的評語，而錢先生之所以認為錢夫人之言是「得道之言」，是因為錢夫人不僅深明蔣中正「禮賢下士」之初心，也明白潮流已變，搬出素書樓是當時為蔣中正「爭清名」的必要之舉。所以，錢先生在搬出素書樓時，心地已是泰然，而素書樓故事的結局也仍然是美好的。錢先生駕鶴仙去後不久，政府已將素書樓永久性地命名為「錢穆故居」。2002 年，「錢穆故居」整修，重新開館時，馬英九親臨主持，公開澄清錢先生未霸佔公產，並向錢穆夫婦道歉。2010 年，馬英九更以官方身份，參加素書樓錢先生逝世二十週年的追思會。素書樓終於成為兩岸三地一個樓因人而傳遠的文化景地。

　　我寫錢先生與素書樓之事，屢屢引用錢夫人胡美琦之文，實因胡美琦女士與錢先生同為素書樓的主人。錢先生在素書樓二十二年的晚年生活是與胡美琦朝夕相對，一起度過的。知錢先生之所思、所念、所愛、所苦，胡美琦之外，世上殆無第二人。胡美琦記得，她與錢先生剛結婚時，錢先生曾對她表示不希望她「是一個只懂管理家務的主婦」，希望她「做一個懂得他，了解他的知己」。[19]胡美琦婚後亦真的成為了錢先生的知己。

　　有一年，胡美琦戲言為她夫婦各取一號，為賓老取「素書老人」，為自己取「素書女使」（是女使，不是女史），並笑說，將來真有隱居的一天，可用此兩號來取代她與錢先生的名

19　胡美琦著，頁 13。

字。錢先生是欣然同意的。[20]胡美琦自稱「素書女使」，當然有為「素書老人」做助手和代表的意思。事實上二十二年的日子裏，特別是錢先生在八十六歲眼睛瀕於失明之後，胡美琦就是錢先生最心契的知音，最得力的助手，最信賴的代表。事實上，胡美琦有多年在《中華日報》寫的「樓廊閒話」專欄，就不全是她個人的意見，而是「我們夫婦共同討論的意見」。錢先生與錢夫人很多時是分不開的了。說實話，錢先生的晚年，因為胡美琦可能才有了一生中最安逸、寧靜和愉快的歲月。

在邱秀文的〈富貴白頭皆作身外看〉訪談錄中，邱秀文在素書樓的左側牆上看到一幅胡美琦女士為慶錢穆先生八十歲生日所繪的《牡丹圖》，《牡丹圖》的題款是：「富貴，白頭人所喜愛，甲寅季夏，賓四年八十矣，既不貴又不富，頭亦未白，不知賓四之意，亦謂有當否。賓四言，知恥即貴，不憂即富，白不在髮而在眉，是亦足以當之矣，因並識之。」「余又謂，富貴不在我，在花；白頭不在我，在鳥，一切皆作身外看，如何？賓四喜曰：善哉，善哉。」

從《牡丹圖》的題識中，我們可以想見錢穆伉儷的生活情趣和人生境界。

素書樓中，日月悠悠，錢夫人與錢先生多年的共同生活，使她深知錢先生衷心所願學孔子「學不厭而教不倦」「發憤忘食，樂以忘憂，不知老之將至」的那一種心胸抱負。[21]誠然，錢先生進入古稀之年後，仍然著述不絕，他的《朱子新學案》

20　胡美琦著，頁 28。

21　胡美琦著，頁 15。

最後是 1971 年在他搬進素書樓後三年完成的。記得 1978 年秋，我代表新亞書院邀請他親自主持以他命名的「錢賓四先生學術文化講座」第一講，錢先生伉儷還把這本巨著的手稿從台灣帶到香港，送贈新亞書院圖書館收藏。當時新亞師生對於老校長十年來第一次返校演講，並帶來厚禮，是何等激動與興奮！往事歷歷，猶在眼前。

在素書樓的歲月中，錢先生完成的《八十憶雙親》與《師友雜憶》（合刊）也是風動海內外的著作，這是第一流的文學書寫，盡顯錢先生散文的神韻與特色。令我驚訝不已的是，寫此書時，錢先生「雙目已不能見字」。錢夫人說：「我辭去文化大學兼課，幫忙抄稿，改稿，我們夫妻足足花了五年時間完成他這本自傳。」[22] 錢夫人這段話使我想起錢先生在七八十年代時與我通信的情景。錢先生自因於黃斑變性症眼疾後，胡美琦女士就由錢先生的知音更成為錢先生的眼睛了。我在《人間有知音：金耀基師友書信集》[23] 中，寫有以下一段話：

> 那年（1977），我剛接任新亞書院院長之職，我就在第一時間致函錢先生，表達有意去台北拜訪他老人家之意。不久，我即收到錢先生的第一封毛筆信，顯然他老人家（錢先生長我一倍，當時我是不惑之年後兩歲）是樂於見到我這個後學的「新亞人」的。又不久，我收到錢先生第二封信，也是毛筆書寫的。之後十餘年，我與錢先生通

錢穆側影：《錢穆先生談話錄》序

22　胡美琦著，頁 89。

23　金耀基：《人間有知音：金耀基師友書信集》，香港：中華書局，2018。

信不絕，但自第三封信之後，錢老就改用鋼筆、圓珠筆來書寫了，因為他已患上黃斑變性症眼疾，視力日趨模糊，用不上毛筆了。再下去，錢老已幾乎失明，他的信是下一個字疊在上一字之上。最後我收到的信，則已是錢先生口述，錢夫人胡美琦筆錄了。

每次閱讀錢先生的信，都是一件樂事，我覺得他寫信是十分在意的，字也寫得漂亮，無論毛筆字或鋼筆字都是很可觀賞的書法。當然毛筆字更有韻味，剛健婀娜，自成一格。真的，他給我的兩通毛筆信，「置諸南北宋名家（包括朱熹）手札中，絕不少有遜色也」[24]。

八

錢先生自晚年進入暮年，他的著作就越來越多由胡美琦抄稿，改稿了。至於正式著作，胡美琦說「賓四向不喜用錄音或由人筆錄方式寫稿，他總是堅持自己寫初稿」。據她回憶，自她與錢先生共同生活以來，錢先生口述，由她筆錄的文稿只有兩篇。[25] 而第二篇文稿卻成了「賓四生前最後遺稿」。[26] 此稿完成於錢先生夫婦搬離素書樓前的三天。錢先生的這篇最後遺稿，寫的是〈天人合一觀〉，他開首就說：「中國文化中，『天人合一』觀，雖是我早年已屢次講到，惟到最近始徹悟此一觀

---

24 金耀基：《人間有知音：金耀基師友書信集》，頁 91。
25 胡美琦著，頁 42。
26 胡美琦著，頁 38。

念實是整個中國傳統文化思想之歸宿處。」

並說:「我深信中國文化對世界人類未來求生存之貢獻,主要亦即在此。」錢先生的〈天人合一觀〉,他以最平白的文字作了詮釋:

中國人是把「天」與「人」和合起來看,中國人認為「天命」就表露在人生上,離開「人生」,也就無從來講「天命」,離開「天命」,也就無從來講「人生」。所以,中國古人認為「人生」與「天命」最高貴最偉大處,便是能把他們兩者和合為一。離開了人,又從何處來證明有天。所以中國古人,認為一切人文演進都順從天道來。違背了天命,即無人文可言。「天命」,「人文」和合為一,這一觀念,中國古人早有認識。我以為「天人合一」觀是中國古代文化最古老最有貢獻的一種主張。

錢先生之作此文,不止是以中國文化之未來為念,亦是以「此下世界文化又將何所歸往」為念,而他是深信「此下世界文化之歸趨,恐必將以中國傳統文化為宗主」的。

錢先生的〈天人合一觀〉,無疑是錢先生的「天鵝之歌」。我覺得讀者要深入體味錢先生的「天鵝之歌」,最好看看錢夫人揮淚書寫的一篇〈後記〉。在〈後記〉中,錢夫人告訴我們,這篇文字「記載了他生前最後想要向國人說的話」。而此文之初始起念,則是在 1989 年香港五日行期間。是年 9 月,錢先生忧儸應邀出席新亞書院創校四十週年慶,他就是在香港旅店中,徹悟到一個從未想到的大發現。10 月 1 日,在由港返台的飛機上,錢先生對胡美琦說:「這一趟去香港真好,想不到

我竟在這趟旅行中，發明了我自己從來沒有想到的大理論，我已經九十五歲了，還能有此徹悟，此生也足以自慰。」[27] 胡美琦是錢先生的知己，但她護夫心切，總不時做一個「忠誠的反對派」，她覺得錢先生的「天人合一觀」，「早曾講過的，我勸他寫了不必發表，盡興就好」，不想錢先生聽後，頗覺失望，長嘆一聲說：

> 學術是不能鄉愿的，我從前所講，和現在所想講，大不相同。我從前雖講到「天人合一觀」的重要性，我現在才徹悟到這是中國文化思想的總根源，我認為一切中國文化思想都可歸宿到這一個觀念上，兩者怎能相提並論，這是我對學術的大貢獻，你懂嗎？

錢夫人自言，「到此時，我算是體悟到他的意思了」[28]。

自那次對話後，錢先生與錢夫人就開始一個口述，一個筆錄撰寫〈天人合一觀〉了，筆錄後，錢夫人又一再重複地讀唸，錢先生又一再地修正，如此至再至三。最後一次是端午節上午，正是他們要搬出素書樓的前三天。在發表之前，錢夫人又曾表示文章太短，「怕讀者也會和我當初一樣，體悟不到作者的用心所在」，不想，錢先生斥她「世俗之見」。錢先生說：

> 學術思想豈能以文字之長短來評價，又豈可求得人人能懂，個個贊成？不懂的人就是你寫一本書來說明，他還

27　胡美琦著，頁 49。
28　胡美琦著，頁 42。

是不會明白。能懂的人，只要一句話，也可啟發他的新
知。我老矣，有此發明，已屬不易，再作深究，已非我
力所能及，只有待後來者之繼續努力。我自信將來必有
知我者，待他來再為我闡發吧！[29]

　　錢先生的〈天人合一觀〉最後是以〈中國文化對人類未來
可有的貢獻〉為文題，於 1990 年 9 月 26 日發表於台北《聯合
報》副刊。1991 年北京的《中國文化》轉載此文後，曾引起
大陸學者正反兩面的熱烈回響，持續達四年之久。毫無疑問，
「天人合一觀」這個學術文化的命題，將長永為中國學人鑽研
闡發的大課目。令人驚喜不已的是錢老夫子逝世後二十四年，
他的高弟余英時教授完成了《論天人之際：中國古代思想起源
試探》[30] 的大著。這是余英時在思想史上的扛鼎之作，對「天
人合一觀」作了發前人所未發的全方位的論述，是年余英時大
兄亦已是八十四歲的老學者了。我不禁想像，錢老夫子在天，
撫覽《論天人之際》之餘，歡然曰：「知我者，誠英時也。」

　　誠然，講錢先生的「天人合一觀」必不能不說香港中文大
學山之巔新亞書院的「天人合一亭」。於 2003 年我曾有〈天
人合一亭〉一文記之，曰：

　　賓四先生一代國學通儒，天人合一之說，生平屢有講

29　胡美琦著，頁 43-45。
30　余英時：《論天人之際：中國古代思想起源試探》，台北：聯經出版事業公司，
　　2014。

述，但是次卻是他生死交關時刻絕筆之言，可說意義非凡……當時新亞書院梁秉中院長乃動念修建「天人合一亭」，以誌念錢先生其人其學，於是有了今天中文大學山之巔的陳惠基教授的傑出建築。[31]

天人合一亭之入口牆上則刻有李潤桓以隸書撰寫的錢穆的〈天人合一觀〉全文。欣賞合一亭，或坐或立，都有可觀。

一池清水，兩樹半抱，非傳統園林，有現代筆意，唯中國情趣悠然而出。

而遠眺馬鞍山之雄奇，八仙嶺之玄美，再看池水與吐露港之大海相接，大海盡頭又是水連天，天連水，水天一色，人天渾然一體，天人合一之境，悠然心生矣。

天人合一亭近二十年來，是海內外訪新亞之人必到之處，早已成為香港的文化絕景，我並稱之為「香港第二景」（但我不知何地何景是第一景）。魂兮歸來，錢先生與夫人胡美琦在雲訪素書樓之後，必聯袂登臨新亞的天人合一亭！

九

今天到素書樓，到天人合一亭的人，想到錢穆這位一代學人時，第一時間大都會把他看作是中國文化的一位代表性的大

31　此文收入金耀基：《最難忘情》，香港：牛津大學出版社，2019，頁 63。

人物。我從這本《錢穆先生談話錄》中，得到的也正是這樣的印象。故我決定在〈錢穆側影〉中再寫一段，以為結篇。

金庸、胡菊人的訪談錄中，錢先生對中西文化的特性有這樣高度個己性的表述：「西方文化是宗教的，科學的；中國文化是道德的，藝術的。」落實到日常生活中，錢先生就有「中國人的人生，是道德人生，藝術人生」[32] 的說法。

我覺得錢先生是把中國傳統文化特性視為是「人文」的，「人文」在他是中國文化的代名詞。1958 年 5 月，台灣《文星》雜誌記者（佚名）訪問他，談到學術界的現象時，錢先生說：

目前的學術界，科學研究與人文研究之間顯已失去平衡。

當記者請他就太空時代科學發展對人類的前途發表意見時，他悵惘說：

到月球去解決不了地球上的問題，科學的發展解決不了人類的問題，猶如過去歐洲人向外殖民，解決不了歐洲本身問題一樣。

在這裏，我想指出，錢先生不是反科學，甚至毫沒有輕視科學的意思，但他確是反「科學主義」的。科學主義者犯有一種「知性的傲慢」，把科學與知識等同起來，認為只有科學才是知識，也即人文學問不是知識了，這當然是錢先生所不能同意的。記者訪問錢先生時，他還在香港農圃道新亞初創階段，

32　見曲鳳還：〈日出而作，日入而息──錢穆訪問記〉，台北：《文星》一卷六期，1958。

他對記者說：「新亞已有文商二個學院，今年增設生物系，明年計劃添設化學、物理二系」，他對科學還有下面一段話：

> 中國未嘗學不到科學，倘使中國政治與社會獲得安定，我相信科學在中國很快就能生根。

錢先生說「科學研究與人文研究之間，顯已失去平衡」，其實這是二次大戰之後，不論中國或西方的大學教育的共同現象。中國古代的大學之道以「止於至善」為終極目標，但今日的大學之道已變成「在明明『理』（明科學之理），在新『知』（創科學新知），在止於至『真』」了。在大學，「知識的科學範典」已當陽稱尊。「價值教育」（「求善」「求美」之學問）則已失位，被邊緣化了。故我近十餘年來一再強調大學教育應該求「真」、求「善」並重，亦即古今大學之道必須同立並舉。[33]

錢先生講教育，講人生，最着重的就是求善，他說：

> 西方的人生，講的是真、善、美，在中國來說，是一體的，發揮善性，便是最真、最美的人生。所以我們說中國人的人生，是道德人生，藝術人生。[34]

從我所見的錢先生的文字中，他似乎認為中國文化是由三種知識（學問）展顯的，儒學（經學、理學）求善、史學求真，文學求美，而三者是互攝交通的，不是割裂的，在他的遺文中我讀到下面一段話：

33　見金耀基：《再思大學之道》，香港：牛津大學出版社，2017。

34　見曲鳳還著。

我可以肯定地指出來，中國有兩大人物，即是兩位大文學家。一位是屈原，他解答了文學與道德的問題，一位是司馬遷，他解答了文學與歷史能否合流的問題。[35]

錢先生這段話，是指中國文化中，美（文學）與善（儒學）的合流，美（文學）與真（史學）的合流。也是從這段話中，我們可以推論在錢先生的思維裏，中國文化中，真、善、美是共存同在的。誠然，在這裏，我們可以見到錢先生對中國「舊文學」是極之重視的，在半個世紀前（1958 年），錢先生說：

> 文學是表現人性深處的，中國文學與人生有特別關係，從某個觀點看，中國文學有些宗教的作用，它能使人恬靜與解脫；與西洋文學讀後往往使人掩卷徬徨，精神緊張而困惑的，迥然不同。中國文學可供「回味」，西洋文學旨在「刺激」，從文學去瞭解中國文化是一條正路。[36]

我們且不論同不同意錢先生對中西文學的看法，這是錢先生非常個己性的論述，但他對中國舊文學的推美卻是他最真實的體悟。他的「從文學去了解中國文化是一條正路」一句話，真是意義非常。

錢先生是史學家，也是儒學家，但上面指出他是要繼承「綜匯經、史、文學 的儒家傳統」的儒學家。在這個意義上，錢先生要繼承的可說是包括了經學、史學和文學為核心的中國文化。錢先生心目中的「中國文化」的含義比一般專家或學者所講的中國文化要廣

35　錢穆講述，葉龍記錄整理：《中國文學史》，香港：天地出版社，2016，頁 81。

36　見曲鳳還著。

博得多，比一般專家式的儒家心中所認定的中國文化要廣博得多，此所以錢先生是「通儒」的根本原因。

誠然，我們知道中國舊文學，像中國傳統儒學，是具有多元性格的。中國舊文學大致上說，應該可分以韓愈為代表的「載道派」，主張「文以載道」「文必宗經」（劉勰語）。另有以屈原、莊子為開路，更滲入道家、禪宗的思想的「性靈派」（這是我杜撰的），性靈派是獨立於儒家之外的，文學史上著名的蘇東坡、黃庭堅等一大批文人，都可歸屬之。平實而論，歷朝歷代的文學，詩也，詞也，曲也，歌賦也，小說也（我相信錢先生還必會包括書法與國畫等），不論歸不歸於儒門，其精粹者，皆為中國文化的瑰寶。我發現錢夫子對於「載道」的文學固然歡喜，對於「性靈派」的文學也一樣欣賞，而多有會心。錢先生一生讀古人書，寫古人事，上友古人是他人生樂趣之根源。有一次，我問錢先生：「就秦諸子不計，在國史中可請三位古人與先生歡聚，請哪三位？」錢先生以朱熹、曾國藩及陶淵明為答，可見錢先生的生命世界中，文學家是佔一重要位置的。在邱秀文的訪談中，錢先生說：

> 回想我這一生的為人，生活受到好些古人的影響，我雖然極少寫詩，但愛讀詩，最佩服二位詩人：陶淵明和陸游。

錢先生深愛陶淵明那些「寄託」於山水田園間自然、平淡的作品，其中蘊含着儒家嚴正負責之精神，老莊那種清靜逍遙的境界。至於陸放翁的詩，錢先生說：

放翁的詩，有兩種風味，一種是陶詩深愛田園山水的樂趣，另外一種卻表現出他的傷時憂國，不忘世事。這些是我最欣賞的，我自己在無形中也感染了這份氣質。[37]

錢先生說陸放翁之詩對他還有另一種影響，陸放翁活了八十幾歲，經歷了人生好幾種境界。錢先生表示他的祖父、父親都沒活過四十歲。當他讀放翁晚年的詩時，「才認真想到自己是不是也可能和他一樣高壽？自己注意健康和養生」，他說：「現在我已八十三歲了，這真是陸詩所賜。」[38]錢先生談到他的人生觀時，說道：

我喜歡孔子，也喜歡莊子，他們代表人生的兩面。

又說：

我教書，是受了孔子儒家精神的感召，發揮人生積極的一面。然而，我的私人生活，卻是莊子哲學的表現。

再說：

我們的人生，有積極的一面，也有消極的一面；有進一步的人生，也有退一步的人生。[39]

作為一位國學大學者，錢穆先生一生的學術之路，余英時見得清楚，他說：

37　見邱秀文訪談錄。
38　見邱秀文訪談錄。
39　見邱秀文訪談錄。

錢先生最初從文學入手，遂治集部，又「因文見道」轉入理學，再從理學反溯至經學史學，然後順理成章進入清代的考證學。清代經學專尚考證，所謂經古訓以明義理，以孔、孟還之孔、孟，其實即是經學的史學化，所以，錢先生的最後歸宿在史學。[40]

錢先生的學術之路「最初從文學入手」（讀韓愈之文），「最後歸宿於史學」確是不易之論，我只想說，錢先生固從文學入手，但終其一生，他從沒有離開過文學。錢先生在《師友雜憶》中說：「余愛讀古文辭，愛誦古詩詞，則終生不變不倦。」錢先生在人生的不同階段，書寫過不少文學的作品，他的《湖上閒思錄》《靈魂與心》《雙溪獨語》到《八十憶雙親》《師友雜憶》，無不是抒發他個人感性與思想，文情兼美的文學佳構。我想指出，錢先生講「中國文化」總會講到中國人的「人生」，而他認為中國文學賦予了中國人生一種特殊的人文風致。我更想說，錢先生一再強調中國文化的特性是它的人文性格，如前面所說，他有時把「人文」視作為中國文化的代名詞。在錢先生生死交關時刻所作的「天鵝之歌」——〈天人合一觀〉中，他把「天」「人」合一是以「天命」與「人生」相對而不相隔來講的。他說：「這一觀念，亦可說即是古代中國人生的一種宗教信仰，這同時也是古代中國人主要的人文觀。」在錢先生心中，人文精神就是中國文化的精神，錢先生垂暮之年，曾作一春聯：

40　余英時：《猶記風吹水上鱗——錢穆與現代中國學術》，頁135。

塵世無常，性命終將老去，

天道好還，人文幸得綿延。

三十年前，錢穆先生逝世之年，我曾著文記念，其中一
段是：

錢先生一生，承擔是沉重的，他生在文化傾圮，國魂飄
失的歷史時刻，他寫書著文有一股對抗時流的大力量在
心中鼓動，他真有一份為往聖繼絕學的氣魄。他的高足
余英時先生以「一生為故國招魂」來詮釋這位史學大師的
志業宏願。[41]

錢先生逝世三十年後的今天，我再三默讀他離開人間前兩
年所撰春聯，覺得錢先生撰寫時，蒼涼中有一份豁達。他對中
國文化的前途，懷抱的仍然是一份樂觀的心情與信念。

2020 年 6 月 11 日夜

錢穆側影：《錢穆先生談話錄》序

41　見金耀基：〈在歷史中的尋覓：憶國學大師錢穆先生〉，收入《有緣有幸同斯世》，廣州：
　　廣東人民出版社，2018。

糖基先生惠鑒自
大駕來新坡即聞新坡
校友屢有稱道惟
恨未獲識雨頃荷
惠翰敀來有間可
未旹僅獲把晤堂
勝幸慰悚
示後適以苓术帅
後為勳壽山順
頌
鐸祺　鐵禪居菁

金耀基與錢穆攝於台北素書樓

錢穆伉儷與金耀基一家

中國教育現代化先驅陸費逵

《書業商之人格》序

一

　　一部中國的現代史，它的主旋律就是中國現代化的歷史。鴉片戰爭後，曾（國藩）、李（鴻章）主導的自強運動，其重心是國防現代化，基本上只局限於器物層次的現代化，最後以失敗告終。甲午之敗，面臨亡國之禍，遂有康有為、梁啟超主導的戊戌維新運動，着眼點已在政治、教育、商事等制度層次的改革，而以君主立憲之國體改革為重中之重，維新結局「六君子」被殺，康梁亡走日本，變法戛然終止。君主立憲之路百日而斬，1911 年辛亥共和革命則成為政治現代化之最後選項。但戊戌維新最直接之效果，應是教育現代化的開啟，戊戌年（1898 年）設立的京師大學堂是一個重要指標。事實上，百日維新失敗後，教育現代化的事業，涉及學術、知識、文化的傳播與人才培育諸方面，卻是繼繩不絕，一波接着一波，其

举举大者，如 1905 年清廷之「廢科舉，設學校」（晚清新政之一）。1912 年民國元年臨時國民政府蔡元培任教育部長時之新教育（共和教育）政策（如教育部所頒《大學令》），一直影響到 1915 年開始的新文化運動。不誇大地說，自戊戌清末到民國時期一連串教育現代化的作為，鋪墊了此後中國百年現代化之路的基石。

回眸百年，在教育現代化上，風起雲湧，豪傑輩出，而從晚清到民初，具有象徵性並代表中國教育現代化的是二所大學與二間出版社。戊戌變法之年（1898）成立的京師大學堂，是中國第一所有維新意義的高等學府，民國元年改稱北京大學，在蔡元培手上，更成為中國第一所現代型大學。早戊戌一年（1897）成立的商務印書館，則是中國第一間有現代意義的出版社，此後更成為中國出版業之重鎮。1911 年，辛亥共和革命之年，清華大學誕生，之後更成為與北大比肩競勝的大學雙尊。而 1912 年，民國元年，則誕生了中國第二間現代出版社，即是中華書局。中華書局一開始就與商務有爭雄之心，此後終成為與商務齊名的大出版社。

二

月前，香港中華書局總經理趙東曉博士帶來厚厚一疊書稿，他說 2021 年是中華書局創辦人陸費逵先生在港逝世的八十週年，為此，他蒐集陸費伯鴻先生生前有關書業、教育與中華書局歷史發展的主要言論，結為一集，準備出書以紀念這位他深為敬慕的中華書局的前輩、出版大家。東曉並隨即表示

我金某曾在台灣商務印書館做過事（我曾任副總編輯，王雲五先生自任總編輯），對出版事業有認識、有同理心。他更說，我金某一生從事教育（我曾在香港中文大學執教三十四年），對於陸費伯鴻以出版為教育事業的看法，必更多有體會與認同，所以他邀我為《書業商之人格》一書作序。我聽後，未多說一語，便欣然應命了。我生也晚，我六歲時伯鴻先生已離開人世，當然與他未曾有一面緣。我十分樂意通讀書稿，從中結識這位民國時代中國出版界的風雲人物。

全書分三輯，第一輯是「獻身書業」，第二輯是「書業商之人格」，第三輯是「言為心聲」，三輯都是陸費逵先生的夫子自道，很可窺見他以書業推動教育、以教育導引國家社會發展之思路。同時，也記錄了他創立與卅年經營中華書局的奮鬥不懈、生死以之的心路歷程。本書之「附錄」另編收有舒新城、沈芝盈、王雲五、劉立德、吳永貴等人紀念陸費伯鴻的文字，對陸費伯鴻其人其事及其對教育、文化之貢獻，都有真實的評述。很幫助我們對陸費逵先生有一整體的認識。讀了書稿後，深自慶幸，因是為了作序，我對陸費逵（陸費為複姓，名逵，字伯鴻）這個人、對中華書局這個出版社才有了一個真切的閱讀，我下面想寫幾點我個人的觀察與感想。

三

（一）

舒新城在〈陸費伯鴻先生生平略述〉中說：「先生素性好學深思，於學無所不窺，而於教育研究尤精深。」舒新城先生

是中華書局編輯所所長，也是《辭海》的主編，學識淵博，為學界所重，從他口中說陸費逵「於學無所不窺」是極不尋常的。我們知道，伯鴻先生一生只有母教五年，父教一年，師教一年，十三歲（戊戌變法之年 1898 年）讀四書、《詩經》《易經》《左傳》《尚書》《唐詩三百首》等書，十四歲後就開始獨力自修，每日讀古文、看新書各二小時；十五歲，隔日去閱書報社閱讀新書刊，早九晚五，如是者二年，把五大間的書籍雜誌，盡興看夠，此後數十年即使在抗日戰爭烽火連天的日子，伯鴻先生都是無日不讀書，此所以他的識見、學養是與時並進、自新不息的。陸費逵的「於學無所不窺」的博學，完全是從自修而來，這使我想起民國時代三大出版家（張元濟、王雲五、陸費逵）中，陸費逵與王雲五二位都是自修成才的博學之士。業師雲五先生出身學徒，但自少至老，手不釋卷，眼不離書，曾通讀大英百科全書，傳為美談，自言：「中文，我想老翰林也沒有我讀的古書多；而英文，博士和專家也沒有看的書廣。」我從陸費逵、王雲五身上看到學問的博通是成為大出版家重要的知識裝備。

　　陸費逵似乎是命定要走上出版事業的，而這又與他之醉心教育是不可分的。劉立德先生說他是一個「教育救國論者」。陸費逵的時代，有志有為之士，莫有不思救國強國之道者。他曾說：

　　教育得道，則其國昌盛；教育不得道，則其國衰弱而滅
　　亡，此一定之理也。

治國者……必先謀夫教也，生計教育得道，則人心必變而善；人心而善，則社會之風俗習慣良，而國家以立矣。（見劉立德〈陸費逵教育思想試探〉一文）

陸費逵的人生事業起始於十七歲時在南昌創立正蒙學堂，這是他的學校教育之路的初試；十九歲在武昌創辦新學界書店，則是他以出版做教育之路的初試。之後，他就決定性地走上以出版做教育之路了。他二十一歲任文明書局編輯；二十三歲因受高夢旦先生之賞識，進入當時已是執出版業牛耳的商務印書館，任出版部部長，並為《教育雜誌》主編，這使他親身體認到出版事業在國家社會的發展中可產生的作用與價值。四年後，辛亥革命爆發，他預見到共和政體必然來臨，所以他做出了一生中最大的決定，決定離開商務印書館，另建獨立出版大業。正在民國誕生之年，他二十七歲，與戴克敦、陳寅、沈頤、沈繼方四人，在上海成立中華書局，自任局長，主持全局業務。這是陸費逵生命史中的大事，也是中國出版史上的大事。伯鴻先生以「中華」為書局之名，不止展示了他歡呼中華共和國之來臨，也顯示了他天下、國家的情懷。自 1912 年中華創立，到 1941 年（他五十六歲）他離世，整整三十年，他與中華不離不棄，歷經多次磨折，一秉初心，勇往向前，終於把中華書局打造成與商務印書館齊名於中國的第二間大出版社，時人有譽陸費逵為出版業巨人，亦不足為奇了。根據吳永貴先生的一個統計，中華書局在 1912~1949 年的 37 年中，共計出版的圖書總種數為 5908 種，12702 冊（商務印書館在 1902~1950 年 48 年中，出版圖書總數為 15116 種，穩居中國出

版業第一的位置）。吳永貴指出，這是一「驕人的成績，更應該在中國學術文化史上記下重彩的一筆」。我更以為，民國以來，萬千之數的中國讀書人、知識人，可以有未進過大學的，但未讀過中華、商務出版之書的，恐怕絕無僅有。

（二）

2011 年，中華書局成立百週年時，吳永貴先生寫了＜陸費逵：坐言於教育，起行於書業＞的長文，來紀念伯鴻先生。他說：

> 陸費逵被時人所知曉，最先還不是他出版家的身份，而是他一系列見解獨到、說理透徹而又平實可行的教育改革主張。他 1905 年發表的《論設字母學堂》《論日本廢棄漢字》，是我國改良文字、統一語音運動的先聲。他 1909 年發表的《普通教育當採俗體字》，被後人稱為漢字簡化運動的開場鑼鼓。他是清末學堂中推行尊孔讀經的堅決反對者，對男女不能同校共學的論調，更是深惡痛絕，予以尖銳抨擊。

誠然，陸費伯鴻生於清末，深感社會、文化之落後，民智不開。他認識到欲開民智，非通過發展教育不可。1905 年，伯鴻先生二十歲，也是清廷詔令「廢科舉，興學校」之年，他在任《楚報》記者時曾寫＜論群蠹＞一文，痛言國人之無公德（他稱之為「群德」），而國人之所以無公德，則起於國民「智育缺乏者」。這就是陸費逵一生以開啟民智，振興教育為職志之初心。他在 1912 年創建中華書局，並親自起草＜中華書局

宣言書＞，明確提出了「教育革命」的呼聲。宣言書說：「清帝退位，民國統一，政治革命，功已成矣，今日最急者教育革命也。」事實上，陸費逵在民初之際，提出過許多教育改革的主張，並且不少都得到落實執行，值得特一記的是如下一事。民初年，南京孫中山的臨時政府成立，蔡元培任教育部長，因國體既經變更，舊法令不再適用，而新規制又迫於時間未能頒佈，蔡先生於就任之初就去上海商之於陸費逵和蔣維喬，最後應蔡先生之託，陸費逵本其夙見起草了暫行辦法，並與蔣維喬商定一稿，此即是元年一月頒佈的《中華民國教育部普通教育暫行辦法》的底稿。陸費逵多年後提及該暫行辦法及四條通電時說：「其內容大體根據我三年中所研究的結果，如縮短在學年限（中小學改為共十二年），減少授課時間，小學男女共學，廢止讀經等，均藉蔡先生採納而得實行，其愉快為何如也。」史家對於《暫行辦法》和《課程標準》兩令，稱之為民國教育史之「絕續湯」。劉立德先生說：「陸費逵與中華民國首任教育總長蔡元培、著名教育家蔣維喬共同商討新教育事宜，揭開了民國教育史的序幕。」

（三）

　　陸費逵先生可說是一位醉心於教育、立身於書業的人。他喜歡稱出版業為書業，也似乎更容易把出版業與教育形象地連結起來；教育不外教書、讀書，出版業則是出書、供書。所以在他言，教育與書業是一事之兩面，互為作用、互為表裏的。陸費逵於 1905 年，在上海與同業發起成立上海書業商會，後被選為首任會長。1924 年，他以會長身份為《書業商會二十週

> 我們希望國家社會進步，不能不希望教育進步；我們希
> 望教育進步，不能不希望書業進步。我們書業雖然是較
> 小的行業，但是與國家社會的關係卻比任何行業為大。

這是陸費逵為出版業的定性定位，這也可以說明陸費逵為
什麼自創中華書局後，從未改換人生跑道（至少一度外交部請
他做官，被他婉謝），而以出版業為安身立命之所。

陸費逵把書業和教育看得如此密切，最顯著的是他對教科
書的看法。上面我提到他在＜中華書局宣言書＞中提出了「教
育革命」的口號，實際上他把「教育革命」更集結到「教科書
革命」上，他說：

> 立國根本在乎教育，教育根本，實在教科書；教育不革
> 命，國基終無由鞏固；教科書不革命，教育目的終不能
> 達也。

毋容置疑，教科書是對青少年教育之利器，清末民初千百
間中小學校，教科書便是中小學生的知識之津樑，對大多青少
年言，讀書便是讀教科書，教科書實是開發青少年智育的不二
法門。應指出者，教科書是一巨大市場，是書業商必爭之地，
所以，並不令人驚訝，陸費逵創立中華書局就是以中華小學、
中學的教科書打頭陣的，並且謀定而動，一舉成功。可以說，
中華因出版教科書而奠定了在出版界的地位，它打破了民前商
務印書館教科書獨步十年之久的局面，也因此開啟了中國出版
界中華與商務比肩競勝的局面。在這裏我想指出，陸費逵是反

對教科書「國定制」的，他主張「審定制」。他說教科書決不可「國定」，要「仍任民間編輯，學部監督審定」。民國時代，教科書就是由民間出版社負責編輯的，也因此，教科書市場變成書業商攻城奪地的激烈戰場。1924 年，中國第三大出版社世界書局首次加入教科書市場，中華與商務這兩家競鬥不已的大書局居然聯手合設國民書局一所，編印新國民小學教科書，不計成本用「價格戰」壓制了世界書局。價格戰的結果，受損失的是出版商，但客觀上卻因課本費之下調，大大推動了國民教育的普及。不過，書業商要想拓展佔有教科書的市場，根本上還必須在教科書編輯上精益求精，以爭取學校當局的選用。

陸費逵的中華以教科書起家立名，面對商務、世界的強力對手，當然勵力不懈，全力以赴。誠然，中華書局精英薈萃的龐大編輯所始終是出版教科書的靈魂與大腦。中華自 1912 年橫空出世，出版中華小學、中學教科書，此後二十餘年，幾乎每數年就有新猷問世，並且從中小學教科書進入大學用書。回看民國時代，教科書的出版不止在量上越做越大，品質上也做得越來越精。論者有言：「它不僅確立了我國現代教科書編纂的基本範式，奠定了我國現代教育的基礎，也極大地推動了我國思想、學術、文化向現代化方向的發展。」（見本書附錄吳永貴＜陸費逵與中華書局對中國文化的貢獻＞）

（四）

講中華書局就不能不講陸費逵。陸費逵創建了中華書局，主持了中華書局三十年，陸費逵是中華書局的化身。我從閱讀與聽聞中，覺得陸費伯鴻先生具有鮮明的個人性格，中華在他

管治下成為一個「家庭性質之集團」（舒新城語），他就是一個「大家長」，這當然是不盡合現代管理的風格的。不過，中華在他主持下，始終是一個有活力、有創新力、有效能的出版機構，這不能不歸功於陸費逵個人的人格魅力。在我看，中華書局之所以能在出版業中蔚為大國，實因為陸費伯鴻先生能為中華書局組建一個相當龐大的強有力的編輯隊伍。三十年代中華正盛時，編輯所人員有一百餘人，其中大不乏知名飽學之士，早期有梁啟超、范源濂（後任教育部長）、徐元誥、馬君武、張相等人，以後有舒新城、金兆梓、田漢、張聞天、左舜生、陳啟天、潘漢年、王寵惠、李登輝（後任復旦大學校長）、徐志摩、謝無量、錢歌川、張夢麟、鄭午昌、吳研因、鄒夢禪、陶行知、張宗麟、戴伯韜等人。而與編輯所編輯人同為中華書局的源頭活水的作者則數目遠遠更大。至 1949 年中華累計出書五千九百餘種，作者當以千計，其中固不少是大學學科領域中卓有建樹者，更有的是名聞當代的文士、藝術家，舉其著有聲名者有梁啟超、馬君武、黎錦熙、李劼人、謝無量、薛暮橋、陶菊隱、徐志摩、郁達夫、王卓然、阿英、郭沫若、周谷城、鄭振鐸、陳望道、千家駒、豐子愷、章伯鈞、于光遠、宦鄉、巴金、王亞南、徐悲鴻、劉海粟、傅雷、胡喬木、楊憲益等。（見引於吳永貴＜陸費逵與中華書局對中國文化的貢獻＞）

中華書局學厚才高的近百位編輯人，有星光耀眼數以千計的作者群，這是任何第一流大學都會羨妒的大陣容。

正因為中華書局有如此優秀強力的編輯群與作者群，所以，在陸費逵主持的三十年中，中華先後能出版一系列富共和

精神的教科書，能出版一系列宣揚新思想、新觀念的雜誌（如《中華教育界》《中華小說界》《中華實業界》《大中華》《中華婦女界》《中華學生界》），能出版一系列量大質精、惠益讀者的工具書《中華大字典》《辭海》《中華百科辭典》，能出版大部頭驚艷當代的文化綜合古籍《四部備要》《古今圖書集成》。這般輝煌的出版成績，無論從哪個角度看，中華書局不能不說是一個成功的出版社，而陸費逵不能不說是一位成功的大出版家。寫到這裏，我不由不想起與陸費逵同代同行的大出版家王雲五先生＜悼念陸費伯鴻＞之文。王雲五先生在悼文中說：「伯鴻先生的成功，除了少年時期的奮鬥以外，他的深遠的眼光也是一種要素。」

（五）

王雲五先生指出「深遠的眼光」是陸費逵成功的一個要素，這絕對是「知人」之言。眼光就是識見，識見的深遠除了學養之外，更有天賦為慧識。陸費伯鴻先生生於一個新舊時代交替、傳統文明與現代文明交替的歷史時刻，他敏銳地感知到新時代的來臨，並坐言起行，抓住新時代下的機遇，1912 年，他創立中華書局，與孫中山的國民黨建立的中華民國是同年同月同日生。中華書局一開始就出版富於新時代精神的教科書，正是他為構建中國現代文明所做的教育現代化事業的先聲。民國初年，他倡導的語言文字改革（如＜普通教育當採用俗體字＞一文）和提出的國民教育、職業教育、人才教育並重的主張，都成為此後新教育的基本主張。五四新文化運動之時，他更以中華書局為平台，通過出版多種雜誌、書籍，成為宣揚、

推動新文化的一股不可輕估的力量。中華書局成立後三十年中，其出版主調便是為新文化、新文明（現代文明）催生與建成，除了教科書，中華先後出版多種多類的叢書，試舉例如次：《新文化叢書》《新文藝叢書》（徐志摩主編）、《社會科學叢書》《教育小叢書》《實業叢書》《商業英文叢書》《國際叢書》《中華百科叢書》（舒新城主編）、《世界文學全集》《新中華叢書》《英文文學叢書》等等，很顯然的，陸費逵為催生建成中國的新文明的主題思維是通過學術、思想、文藝、教育等諸方面的書籍出版呈現出來的。

　　值得注意的是，中華與商務這兩家中國出版業的雙尊都在學術、教育、文化上為中國的現代化做出了重大的貢獻，但這兩家出版社卻同時又因出版中國古籍而聞名於世。陸費逵是中國教育現代化的先驅人物，但他對於蘊藏中國傳統文化的古籍則抱有深情與敬意。他對他的高祖宗伯公陸費墀在乾隆時編修震鑠古今的《四庫全書》並擔任總校官是引以為傲的，他曾說：「小子不敏，未能多讀古書，然每閱《四庫總目》及吾家家乘，輒心嚮往之。」毫無疑問，他是同情、支持五四新文化運動的，但是他與新文化中一派「打倒孔家店」「把線裝書丟到茅廁」的激烈粗暴之論是截然不同調的。我在此特要說說陸費逵對經書的看法。經書（四書五經）簡單說，在中國學術思想中居中心地位。自漢武帝接納董仲舒「獨尊儒學，罷黜百家」後，儒學升為經學，成為中國人的「思想的君主」（馮友蘭語），傳統中國的教育（太學、國子監）的「養士」與科舉的「取士」，皆以四書五經為核心要素。陸費逵十三歲時，已讀了四書五經，但同時也接觸到梁啟超在《時務報》上發表的

新思想。二十歲時（1905）清廷頒佈詔令「廢科舉，設學校」，經書的魅力已大減，但清末新式學堂中仍維持尊孔讀經的傳統，而陸費逵則是小學堂尊孔讀經的堅決反對者。在這裏，我們不禁要問，陸費逵究竟是如何看待經書的？簡單說，陸費逵是肯定經書的價值的，他之反對小學堂尊孔讀經，只是覺得兒童不宜「專讀一經」，以免「食而不化」。他主張把經書區分開來，分地納入到新式大學的不同科目中去，他說：

> （經書）其中的精義格言，採入修身課本可矣；其中的治平要道，編入法政大學及專門法政學堂的講義可矣；其中可資風誦的古雅文章，選入國文讀本可矣；其中古史所徵的事實制度，作為講習歷史的參考可矣。（陸費逵：《論中央教育會》，《教育雜誌》，1911 年第 8 期）

寫至此，我不由不說說與他同時代的蔡元培先生是如何對待經書的。在我眼中，蔡元培是中國教育現代化的第一人，在中國學術思想上他把以經學為中心轉到以科學為中心。在大學殿堂中，他以科學取代經學而登居主位。1912 年，蔡元培任教育總長時頒佈的《大學令》，規定大學以「教授高深學問，養成碩學宏才，應國家需要為宗旨」，廢去了「忠君」「尊孔」等封建信條，取消了「經學科」。蔡元培之取消「經學科」不啻是翻轉了董仲舒的「獨尊儒學，罷黜百家」之兩千年來的學術與教育的規範，但是我們必須明白，蔡先生之取消「經學科」，並不是消滅經學，而是去掉經學為「思想之君主」的位序，把儒家著作從「經學」還原到先秦「子學」的位置。換個角度說，蔡先生是把儒家典籍作為傳統教育的「信仰」系統，

轉為現代教育研究對象的知識系統。儒學作為知識的一種，蔡先生是完全肯定其價值的，他主張把「經書」收納到現代大學的新知識譜系中去，所以，他認為當時京師大學堂的經學十四則，其中《周易》《論語》《孟子》可歸入哲學門，《詩》《爾雅》可歸入文學門，《尚書》《三禮》《大戴記》《春秋三傳》可歸入史學門。簡言之，他主張把經書併入現代大學的文科。從這裏，我們不難發現，蔡元培對經書的態度與處理方式與陸費逵所持者是若合符節的，是誰影響誰？我不知道，應是英雄所見略同吧！

　　陸費逵對經書的珍惜態度，很能反映出他對傳統文化正面的立場。中國傳統文化包羅萬象，但以儒典、歷史、思想、文學等先人主要精神遺產悉數都在古籍中呈現。此即是傳統經史子集四部所賅的學術著作。十分有意思的是，商務在五四運動後的一年（1920）開始出版震撼書界的《四部叢刊》，不二年（1922）中華亦開始預約發售《四部備要》。《四部叢刊》和《四部備要》皆是卷帙以萬計，冊數以千計的大部頭古籍，二者都是從浩如煙海的經史子集中彙集最要之書、最佳之版本，編輯整理，或影印（商務）或排版（中華以聚珍仿宋版排版），動員人力之大，需時之久，稱得上中國出版業的巨大文化工程。時賢評曰：「以商務《四部叢刊》開其先，中華《四部備要》繼其後的這兩大文化工程，代表了中國古籍出版的一個新紀元。」（吳永貴語）無疑主持這樣巨大的文化工程者，如商務的張元濟、王雲五，中華的陸費逵，除了精於商業的考量外，更必須具有一定的學術素養以及一份對於「保存國粹」（陸費逵語）和為往聖繼絕學的文化使命。陸費逵在出版《四部備要》

之後，1934 年又影印出版《古今圖書集成》，全書一萬卷，字逾一億，原為清代陳夢雷、蔣廷錫等輯，是中國最大的一部類書，外國人稱之為「康熙百科全書」。陸費逵在古籍出版上所展現的心力與魄力，實令人敬佩。

綜觀陸費伯鴻先生三十年的出版人生，可謂充滿傳奇，輝煌而精彩。他一方面歡呼共和時代的來臨，夙夜匪懈，為新教育、新文化之建設開道，出版新書；一方面，為保存傳統文化，為往聖先賢之絕學續命，出版古籍，不遺餘力。究其用心，亦在「返本開新」，為中華譜寫新章。

陸費伯鴻先生有眼光，有魄力，他看得準時勢，並能乘勢而起，創造時勢，誠民國時代出版界的豪傑之士。

四

2021 年是陸費逵先生逝世八十週年，香港中華書局出版《書業商之人格》誠是一件美事。陸費逵於 1912 年創立中華書局於上海，1927 年在香港設立中華書局分局（即今之香港中華書局），1937 年日本侵華，長江流域多所分局相繼淪陷，陸費逵移赴香港，成立香港辦事處，主持中華各分局業務。1941 年抗日戰爭正處關鍵時刻，先生不幸逝世於香港，並葬於香港華人永遠墳場。伯鴻先生與香港真可說有特殊之緣。先生離世前一年（1940），他的民國新教育同道蔡元培先生亦在香港辭世，也葬在香港華人永遠墳場，子民與伯鴻二位先生都是對中國教育現代化有巨大貢獻之人，也都埋骨於香港之青山，真是香港之幸！

我有緣為《書業商之人格》一書作序，因而對伯鴻先生其人其事及其創建中華書局之功業有所認識，並知先生與蔡元培先生生前的同道之誼，則是我之幸事。是為序。

余英時與中國文化的人文精神

一

2021 年 10 月 30 日香港中文大學新亞書院舉行「余英時教授追思會」。余英時先生是新亞書院第一屆畢業生，他更是創校校長大史學家錢穆夫子的入室弟子，並自此走上史學之路。新亞畢業後，渡洋到美國哈佛大學深造，在七十年的時間裏，余英時先後在哈佛、耶魯、普林斯頓等學府講學研究，培育許多新一代的中國史學俊才；而著書立說百千萬言，名重海內外，蔚為當代中國史學之北斗、泰山。余英時於 2021 年 8 月 1 日逝世於普林斯頓寓所，享年九十一歲，無疾而終，普林斯頓大學降半旗致哀三日。

新亞書院對余英時這位傑出「新亞人」當然有許多追思。我今天想說的是，余英時一生著述，多彩多樣，但他的書寫始終有一個中心關懷，那就是中國文化中的人文思想、人文精

神，而這正是新亞書院創校、立校的文化理念，也即是錢穆夫子當年提出的「人文本位的中國文化」的理念。基於此，我寫〈余英時與中國文化的人文精神〉來追念我「有緣有幸同半世」的老朋友。

二

余英時去世後，《明報月刊》2021 年 9 月號出了一專輯「一代文化巨星的殞落：敬悼余英時先生」。《明報月刊》不以「史學巨星」而以「文化巨星」來稱謂余英時，實際上是十分貼切的，因為整體上說，余的思想史著作，都有探索、詮釋、彰揚中國文化的意涵，而更深入地看，他所彰揚的則是新亞書院所標舉的「人文本位的中國文化」，即是說他着墨最重的是中國的人文傳統或中國的人文精神。創立新亞的三子之一的哲學家唐君毅先生對中國的人文思想闡發極多極透，唐先生指出文化中有人文、非人文及反人文三種思想，新亞諸先輩所發揚的是「人文」思想，而所揚棄的則是「反人文」思想。唐君毅所著的《中國文化的精神價值》是一本體現中國人文精神的傑作，英時大兄與我不止一次談到此書並信必可傳世。余英時之人文思想自亦有受新亞唐君毅教授之影響，唐先生去世，哲學大師牟宗三先生撰文尊唐先生為「文化巨人」。余英時日後為唐君毅銅像所作讚詞，充分顯示他對唐先生的敬仰之情。

五十年代，余英時在新亞五年（包括本科與研究所），師從錢穆夫子，課內課外，受錢夫子之啟發最多最深。錢夫子於 1990 年離世，余在〈猶記風吹水上鱗〉悼念錢師一文中說：「這

五年中，錢先生的生命進入了我的生命，而發生了塑造的絕大作用。」毫無疑問，錢穆的學術思想亦在余英時身上留下烙印。那麼，錢夫子學術思想的終極關懷是什麼呢？余英時在第二篇悼念錢師的文字〈一生為故國招魂〉中闡明了錢穆的「學術精神」。錢夫子的學術精神就是「為故國招魂」。在他心中，中國的「魂」就是「中國歷史精神」，就是「中國文化精神」。其實，錢夫子所說的「中國歷史精神」或「中國文化精神」也即是「中國的人文精神」。我發現錢夫子有時直以「人文」作為「中國文化」的別名。錢夫子在逝世前二年，曾作一春聯：

塵世無常，性命終將老去。
天道好還，人文幸得綿延。

錢穆夫子一生著作等身，他的「天鵝之歌」，也即他離世前最後絕筆一文〈天人合一觀〉（此文後以〈中國文化對人類未來可有的貢獻〉為文題，在 1990 年 9 月 26 日發表於台北《聯合報》副刊）。他以最平白的文字作了詮釋：

中國人是把「天」與「人」和合起來看。中國人認為「天命」就表露在「人生」上。離開「人生」，也就無從來講「天命」。離開「天命」，也就無從來講「人生」。所以中國古人認為「人生」與「天命」最高貴最偉大處，便在能把他們兩者和合為一。離開了人，又從何處來證明有天。……我以為「天人合一」觀，是中國古代文化最古老最有貢獻的一種主張。

錢穆老夫子（九十四之齡謝世）表示他從前雖多處講到

「天人合一」觀的重要性，但「我現在才徹悟到這是中國文化的總根源」。錢穆夫子是大史學家，他對中國史學之祖司馬遷以「究天人之際」為《史記》撰作的旨趣當然是心領神會的。他的「天人合一」觀顯然與他的學術生命是常相左右的，而到了生死絕筆之際忽然心頭湧現出來，不能自已。他說：

> 我老矣，有此發明，已屬不易。再要作深究，已非我力所能及，只有待後來者之繼續努力。我自信將來必有知我者，待他來再為我闡發吧！

錢老夫子「天人合一」觀發表後二十四年，余英時以極大心力出版了《論天人之際》一書，而此時余先生已是八十四高齡的老學者了。余表示：「『天人合一』作為一項思考範疇，在今天依然是中國人心靈結構中一個核心要素，它也許正是一把鑰匙，可以開啟中國精神世界的眾多門戶之一。」[01] 余英時此書從比較文化學的角度，深入探索中國「天人合一」思想的起源，終於得到一個重要的學術論點，即「天人之際」或「天人合一」是中國古代「內向超越」（別於西方的「外向超越」）的思想特色 [02]。我不能不說余英時是錢穆夫子心中期待的「後來者」，也不能不說余之二百多頁《論天人之際》是錢的「天人合一」觀最好的「闡發」。余英時的《論天人之際》的專論，「從醞釀到完稿，先後經歷了十二、三年之久」。足可見

---

01 余英時：《論天人之際：中國古代思想起源試探》，台北：聯經出版公司，2014，頁73。

02 同上書，頁221。

他用心之深、心力之堅。我特別想說的是，錢穆的「天人合一」觀與余英時的《論天人之際》所彰顯的正是中國文化的人文思想、人文精神。寫到這裏，我不由想起錢夫子手撰的新亞校歌：

> 山巖巖，海深深。地博厚，天高明。
> 人之尊，心之靈。廣大出胸襟，悠久見生成。……

從科學史觀轉向「詮釋學史觀」

三

　　余英時先生史學論述的性格與取向，最終決之於他的史學觀。我們知道，自二十世紀初以來，中國史學界的主流所信奉的是「科學史觀」。1928 年中央研究院的歷史語言研究所成立之時起，傅斯年、李濟、胡適所創導的便是以「科學方法」研究中國歷史的學風。實際上，以尋求「歷史規律」為治史目的之科學史觀當年也正是西方歷史學界的主流信念。錢穆先生之史學早負盛名，但一直不受中研院「科學史觀」學派的待見，直到 1968 年，傅斯年、胡適已逝世，錢先生才得以高票當選為第七屆中研院院士。而此時「科學史觀」在西方史學界亦不再居於壟斷性位置了。余英時在上世紀六十年代後曾表示：「我已不得不放棄『歷史規律』的概念」[03]，顯然，歷史所研究

03　同上書，頁 4。

的「人的世界」和科學所研究的「自然世界」是不一樣的。余英時說：

> 自上世紀六、七十年代以來，以自然科學的實證方法來研究人文和社會現象的傳統想法已逐漸破產了。就社會科學而言，很多人都感到實證方法的限制太大，不夠處理「人的世界」中比較精致的問題。因此詮釋學趁虛而人，出現了所謂「詮釋的社會科學」（interpretive social science）。

我一直知道，英時大兄對於社會科學，特別是文化人類學、文化社會學，最感興趣，並且有深刻修為。他平生研究的重點就是中國文化，故對文化人類學者格爾茲（Clifford Geertz）以詮釋學立場研究「文化」的解說最為認同，余曾引格爾茲的原話：

> 我相信韋伯（Max Weber）所言，人類是懸掛在自己編織的意義之網上的動物。我把文化看作這些網，所以對文化的分析不是尋找規律的實驗科學，而是探究意義的詮釋之學。

我認為余英時自上世紀六十年代後，他所展開的思想史或文化史研究，已明顯從科學史觀轉向「詮釋學史觀」，亦即他的治史目的已從「尋找規律」轉向「探究意義」了[04]。

在這裏我想提一點，余先生之放棄「科學史觀」決不是摒

04　同上書，頁 4-7。

棄科學。科學是他絕對信任與尊重的，他只是認為科學不是唯一的知識，也即不認為自然科學是人類知識的唯一模式。他相信「自然科學的知識模式」以外，還有「人文研究的模式」[05]。很清楚的，余之不承認科學是人類追求知識的唯一模式，實際上，也就是反對「科學主義」的知識觀。誠然，這是上世紀六十年代以來世界學術界批判「科學主義」的一種共識。早在 1958 年，牟宗三、徐復觀、張君勱、唐君毅聯名發表的〈為中國文化敬告世界人士宣言：我們對中國學術研究及中國文化與世界文化前途之共同認識〉長文對此一問題就有深切著明的論述；余英時之特別標出「人文研究的模式」，實際上一方面是為了反對科學主義知識觀所必然衍生的各種「決定論」（經濟決定論、政治決定論等等），而另一方面，是肯定「文化」有它相對獨立的「領域」（此是韋伯以來所逐漸建立起來的一種共識）。正因為文化（以規範與價值為主）是「一個相對獨立的領域」，余英時提出了「文化超越性」（也是相對的超越）的理念[06]，他說：

> 文化作為一種精神力量在今天顯然是無法否認的。放眼全世界，我們到處都看到宗教力量在復活，民族文化（也就是每一民族的文化傳統）在抬頭。這些都是「文化」推動歷史的證明。[07]

05　余英時：〈論文化超越〉，收入《錢穆與中國文化》，上海：遠東出版社，1994，頁250。

06　同上書，頁 243-244。

07　同上書，頁 247。

於此，我們見到余英時的史學論著，都隱約可見「文化推動歷史」的影跡。如《士與中國文化》、《歷史與思想》、《中國思想傳統與現代詮釋》、《中國近世宗教倫理與商人精神》等。最值得注意的是，余英時論中國文化特別着意的是其人文思想、精神世界與價值觀，而不論是思想、精神或價值觀皆一一集中性地呈現在一個個具體的歷史人物上。余英時的《方以智晚節考》、《論戴震與章學誠》、《朱熹的歷史世界：宋代士大夫政治文化的研究》都是有代表性的著作；當然，余將考證與義理發揮得淋漓盡致的則是轟動大江南北史學界、文化界的《陳寅恪晚年詩文釋證》。此書真可說把史學大家陳寅恪晚年九曲迴腸的內心世界一一還原呈現，也充分展現了余英時的詩才與史識。余英時自己有言：

> 更重要的是通過陳寅恪，我進入了古人思想、情感、價值、意欲等交織而成的精神世界，因而於中國文化傳統及其流變獲得了較親切的認識，這使我真正理解到歷史研究並不是從史料中蒐尋字面的證據成一己的假設，而是運用一切可能的方式，在已凝固的文字中，窺測當時曾貫注於其間的生命躍動，包括個體的和集體的。

我們知道余英時進入陳寅恪的精神世界，所看到最真切的是陳的「獨立之精神，自由之思想」。陳寅恪是把「獨立之精神，自由之思想」視為可以「與天壤而同久，共三光而永光」的中國人文精神的終極意義。誠然，余英時因寫《陳寅恪晚年詩文釋證》而與陳寅恪的生命世界相接、相觸；而陳寅恪的人文終極關懷也成為余英時的價值抉擇了。

最後，我再一次指出，余英時的史學論著，在「科學史觀」外，別開生面，以詮釋學史觀為宗，治史之目的不在「尋找規律」，而在「探究意義」，在這一點上，余英時與其師錢穆夫子實多契合。余錢二子在史學取材、主題與書寫格調上均頗多別異而各有風範，但二子皆以維揚中國文化，特別是中國文化中的人文精神為職志宏願。有趣的是，錢穆夫子晚年的巨著是《朱子新學案》；余英時先生晚年的巨著是《朱熹的歷史世界》；錢余師徒二位史學大家均以朱熹做歷史的大文章；更有趣的是，錢老夫子用的中國的舊方法，和余夫子（去世之年九十有一）用西方的詮釋學方法竟是「彼此相通之處甚多。詮釋學所分析的各種層次，大致都可以在朱子的《語類》和《文集》中找得到。」[08]。錢穆夫子與余英時夫子師徒二位史學大家在朱熹的精神世界中重遇，暢談所見的異同，誠中國文化史上一道美麗風景。

08　余英時：〈怎樣讀中國書〉，收入《錢穆與中國文化》，頁 310。

左余英時、右金耀基（2012 年 香港）

胸中有古今，眼底有中西

史學大家許倬雲大兄

　　我認識有半個世紀的朋友中，相交相知、至老不渝的不算太多，大多因生活圈的變化，漸行漸遠，走出了我的生命意義網絡。許倬雲先生則是少數一直存在於我生命意義網絡中的一位老朋友。說起來，我們的往來是標準的「淡如水」之交，但在彼此心中都有一個親近與真實的存在。

　　我認識倬雲大兄一個甲子了，第一次見面應是上世紀六十年代，在台北業師王雲五先生的府上。那時，倬雲大兄已從芝加哥大學取得博士學位，在台灣大學擔任歷史系主任了。當年，他是學術界風頭最健的青年領袖人物。我與他都出身台大，但他畢業後一年，我才進台大，他是十足十的學長（故我一直以「大兄」尊稱他）。

　　倬雲大兄主修的是歷史學，我主修的是法律學，分屬兩個學術群體，彼此並無交集。1965 年，我公費留學匹茲堡大學一年，返台後，在政治大學任講師，並兼台灣商務印書館副總

編輯（業師王雲五自任總編輯）。其間，我連續以社會學視角發表了多篇論述中國現代化的文字，1966 年出版《從傳統到現代》一書，在台灣的知識界、文化界引起一番大迴響。也因此，我與倬雲大兄多了學術思想上的交集，並自此開啟了我們交往六十年的友誼。不過，一年之後，我與倬雲大兄就走上各自的人生軌道。1967 年，我獲得美國全額獎學金，第二次赴美（這次舉家同往），並再度到匹大修讀博士學位，1970 年應聘到香港中文大學新亞書院。自此與中大結緣，度過了迄今五十年的教研生涯。

在我記憶中，倬雲大兄在台灣做了許多學術的建制性與開創性工作後，七十年代就舉家離台赴美，應聘到匹大擔任歷史系教授。他在匹大退休前後，曾在美國、香港、台灣、大陸多間大學講學授課，春風化雨，育才無數。退休後，依然書講不輟。倬雲大兄儼然是匹茲堡城中一個「漢學的存在」。

倬雲大兄以學術為終生之志業，著作等身，他的歷史學專業是中國古代史，《西周史》《漢代農業：中國農業經濟的起源及特性》（*Han Agriculture: The Formation of Early Chinese Agrarian Economy*, 206 B.C.-A.D. 220）、《中國古代社會史論：春秋戰國時期的社會流動》（*Ancient China in Transition: An Analysis of Social Mobility*, 722-222 B.C.）等書，深為中西史學界所重。古稀之年後，更連續出版《萬古江河：中國歷史文化的轉折與開展》《我者與他者：中國歷史上的內外分際》《華夏論述：一個複雜共同體的變化》（簡體版名為《說中國：一個不斷變化的複雜共同體》）三書，風行海峽兩岸，是大歷史的書寫，也是中華文明史的新筆法，非胸中有

古今，眼底有中西，不能有此本事！的然是中國歷史學大家。

　　半個多世紀中，許先生教學研究之餘，不時有關乎時代、社會、人生的文章發表，無不風動一時；更且擔當起多項文教推展工作（如蔣經國國際學術交流基金會），精力之充沛，領導力之高卓，令人敬佩無已。倬雲大兄在美國，我在香港，兩地相距萬里。但我與他幾乎每年在台灣不同的場合都有聚晤的機會，或是蔣經國國際學術交流基金會，或是中央研究院院士會，或是其他的學術會議。至九十年代，倬雲大兄受中大之聘擔任「偉倫講座教授」，我們當然更多了言談之樂。2014 年他在做又一次大手術之前夕，完成《現代文明的批判：剖析人類未來的困境》（簡體版名為《文明變局的關口》）；2017 年，又以八十七高齡再出版近三百頁的《中國人的精神生活》（簡體版名為《中國文化的精神》）一書。這一方面可見他著書不輟，生命力之強盛；另一方面則可見倬雲大兄於涵泳中西文化之後，似更認同於中國文化的精神價值了。

　　雖然，半個世紀裏，我與倬雲大兄各在不同的人生軌道上，但是我們從來沒有停止對彼此學術研究的關懷。1994 年我當選中研院院士，事後知道許倬雲、李亦園、余英時都是我作為「院士候選人」的提名人。這說明，倬雲大兄等學界朋友，都關注到我 1966 年後三十年的學術著作情形。

　　2014 年，倬雲大兄致電於我，邀我為他剛完成的《現代文明的批判》一書作序，表示他知道我近幾十年中有關「現代性」（特別是「多元現代性」）的論述。倬雲大兄此書是為西方現代文明「把脈」，他指出西方的現代文明正面臨種種「困境」，已進入「秋季」，失去原有的發展動力，由興盛走向衰敗。倬

雲大兄希望所寄，則是人類能創造的「第二個現代文明」。他說：「我們不能認為西方現代文明的一些組織形態，就是人類最後的選擇。」又說，有識者「更當拋開模仿西方現代文明的舊習，重新思考對未來人類的存在和發展，更為適合的創新途徑」。我對這位歷史學老人（倬雲大兄當年八十四歲）這番沉重而又清明的言論，是表示認同的。

2013 年，我出版的一本自選論文集《中國現代化的終極願景：金耀基自選集》，指出中國一百五十年的現代化工作的終極願景，就是要建構一個「中國的現代文明秩序」。這是說，中國要建立的「現代文明」，應該不是（也不可能是）西方現代文明的翻版，而應該有精要的中國文化的元素，更符合我們這位史學老人心目中「第二個現代文明」。

資深出版人馮俊文先生，近十年來一直幫助許倬雲先生處理在中國大陸的出版事務，去年應邀在匹大亞洲中心訪學，最近正編訂《倬彼雲漢：許倬雲先生學思歷程》文集。今年 5 月 6 日晚，馮俊文經我東南大學好友陸挺之介，自匹茲堡城來電，他表示我與許先生是多年老友，並注意到 2018 年我出版的《人間有知音：金耀基師友書信集》中有一篇關於我與倬雲大兄的文章，概括地講到許先生的學術志業，他希望我同意收入他主編的文集中。此外，他希望我加寫一短文，談談我與許先生半世紀的交往，以及對其學思歷程的觀察，作為《倬彼雲漢》一書的「代序」。說實話，我由衷高興並感謝馮俊文為倬雲大兄所做的事。所以，我就憑着尚未褪色的記憶，追述我與倬雲大兄半個世紀的往來與交集。

寫到這裏，我覺得講倬雲大兄的學思歷程，有一點是值得

左起為費孝通、許倬雲、金耀基，攝於香港中文大學祖堯堂。

一說的。簡單講，倬雲大兄的學術發軔期是得天獨厚的，發軔期是指他從台大求學到在芝大獲得博士學位這段時間。這段經歷，使他擁有了歷史學的一流訓練，養成了一流歷史學者應有的修為與眼光。倬雲大兄在台大所受到的教育，可能是民國以來最好的教育。

1949 年，中原變色，蔣介石的國民黨敗退台灣。兵馬倥傯，國事如麻，蔣介石第一時間派專機將相當一部分的學術精英迎接到台灣——這件事對台灣的意義，絕不比故宮國寶或黃金之南移台灣為小。當時，文化界的巨擘如胡適、傅斯年、李濟等，都會聚中研院與台大。傅斯年主掌台大時間雖短，但隻手改變了台大：北京大學當年的闊大與自由風氣，竟在台大重現。

台大歷史系與考古系（後改名為人類學系）可謂名師雲集。其時在這兩個學系讀書的許倬雲、張光直、李亦園等，無一不是青年才俊，他們可謂承繼了民國大師的衣鉢。有了本業上世界性前沿的學術裝備，此所以倬雲大兄到殿堂級的芝大研究院深造，很快就登堂入室，順利完成了博士學位，成為卓然自立的歷史學者。在芝大完成學業後，倬雲大兄即返歸台大與中研院，在教學與研究上大展抱負，聲名一時無兩。在一定意義上，倬雲大兄在台灣是民國學脈承先啟後的一輩中的表表人物。

上世紀六十年代，世界的學術版圖中，台灣、香港、大陸與整個非西方社會，無疑是處在「邊陲」地帶；而世界學術的「中心」則在歐美，特別是美國。倬雲大兄在七十年代以後去了美國，並在美國學術界以學術著作奠定了歷史學家的地

位。2004 年，美國亞洲學會（Association for Asian Studies, AAS）給他頒發「傑出貢獻獎」，高度肯定他在中國古代史研究的成就與意義。

相交相知六十年的史學大家倬雲大兄，一生離開不了先天殘障造成的種種病痛。也就在長期的痛苦折磨中，他完成了一部又一部的著作。自青年到老年，他從無停止著述。可以說，他的書寫就是他的存在，就是顯示他生命意義的最真實的存在狀態。

倬雲大兄在美國生活近六十年，對美國有深切的感情和體會。但是，自始至終他沒有真正離開過中國。多少著作中，顯示他最深的關懷是兩岸三地中國人的今天與未來。如前所述，從他八十七歲高齡時出版的《中國人的精神生活》，更可見他到晚年愈來愈認同中國文化的精神價值了。坦白說，我今天正值八七之齡，也真不是沒有他那份「文化的鄉愁」。其實，倬雲大兄對中國文化的「回歸」，從他持續地用中文書寫時就開始了。用中文書寫，書寫的對象當然是海內外的中國人了。

我這兩天才發現，倬雲大兄可能最為傳世的《萬古江河》這部中文大書，是 2005 年定稿的，這一年恰是他在美國亞洲學會得獎的後一年。這是不是意味他的學思歷程中的一個「書寫轉向」呢？從英文轉向中文，從歷史專業轉向歷史「通業」，書寫對象也從史學同行轉向「這一代中國人」了。近年倬雲大兄的著作傳遍大江南北，此誠許倬雲之幸，也是中國讀者之幸。

《萬古江河》出版忽已十有六年，今年 4 月 14 日《南方週末》的文化版，刊載一篇馮俊文發自匹茲堡的許倬雲訪問稿，

我喜悉倬雲大兄剛剛完成《萬古汀河》後，晚年「總結性」的作品，暫定名《一天星斗》。據馮俊文所記，倬雲大兄在 4 月初完成最後一章時說，「我終於隨時可以走了」。從這句話，可見《一天星斗》在倬雲大兄心中的份量。這也表示，倬雲大兄的「書寫人生」已到一個「圓滿的句點」。

當然，我們一定還會不斷看到他的新著作、新書寫。許倬雲大兄是不會停止書寫的。不過，我覺得他不必花大力氣，他可以輕鬆一些，享受更多書寫的樂趣。

楊振寧的百歲人生

記一位偉大科學家的心路歷程

一、百歲人生的心路

楊振寧先生是二十世紀居世界學術峰巔的中國科學家。1957 年當他與李政道榮獲諾貝爾物理學獎時，我正是臺灣大學畢業之年。聞訊，同學無不雀躍、振奮，但楊振寧三字畢竟是個遙遠的光輝符號。上世紀八十年代，楊振寧先生多次來香港中文大學訪問、講演，1986 年成為中大第一位博文講座教授，每年定期來中大三個月。自此，我有了就近向他請益的機會，日子久了，對這位前輩學人也多了貼近的親切感，特別是我 2004 年自中大退休後，每年他與翁帆來港，我與陳方正兄必會與他有數次餐聚，年年如是，十餘年不變，每次餐聚必有長談、暢談。我充分享受到這樣忘年的言談之樂。2020 年新冠疫情爆發後，楊先生再無踏足香港，在電話中，他表示很希望疫情後能再去新界西貢海邊的那家餐館，他說那是他與翁帆

第一次共餐的地方。與楊先生談天是很快樂的,他不但善談,也特別善聽;他喜歡講,也喜歡問。難得的是,意見不同調時,他也坦然。我充分理解翁帆所說,「楊振寧是一個很有意思的人」。多年中,楊先生送我江才健著《規範與對稱之美:楊振寧傳》(這是一本十分出色的傳記,我認識楊振寧得益於此書者甚多),他與翁帆合著的《曙光集》、《晨曦集》等書,很幫助我窺見到這位二十世紀科學大師的心路歷程。

楊振寧的百歲壽慶是我們早有預待的。在中大為他舉辦的九五慶典中,我曾書蘇東坡的《浣溪沙》一詞以賀,中有「誰道人生無再少,門前流水尚能西」之句,楊先生以微笑回應,自有會心。五年瞬間即過,他已步履輕健地登上百歲之階。值此大慶,我不敢強作解人,但樂以我所知、所見、所聞、所思、所感,對楊振寧先生百歲人生的心路作一簡述,以與敬愛楊振寧的讀者分享,並遙賀這位科學史上「難得一有」的百歲壽星。

二、科學與楊振寧的相遇

楊振寧誕生於二十世紀初葉(1922 年),抗日戰爭末期,他在烽火連天的昆明,在西南聯大攻讀物理,並從此走上科學之路。應指出,科學真正進入中國大學殿堂是在二十世紀。1900 年,中國無一人懂微積分(楊振寧語),故科學與楊振寧在二十世紀的中國「相遇」是科學之幸,也是楊振寧之幸。二十世紀之前,中國二千年是經學時代。太學(或國子監)所教的是經學(四書五經);科舉所試的是經學。民國之後,科

學取代了經學而居大學殿堂之主位。我有時想，如楊先生生於清代之前的中國，他會成為什麼樣的人物？狀元郎？詩人文學家？抑是經學大家？楊先生當年讀科學，是光宗耀祖之路，更是救亡圖強的不二法門。楊先生在百歲之日，看到中國在科學上的巨大成就，中國更成為世界第二大經濟體，他應該是極感欣慰的。

三、普林斯頓：攀登科學的高峰

楊振寧的科學之路，起始於家教，數學家父親楊武之是他最早的啟蒙師。楊振寧對數學，少年時已見「早慧」，入讀西南聯大，在名師吳大猷、王竹溪教導下，打下了物理學扎實基礎，並對物理學的前沿問題已有所領會。西南聯大畢業後，又考入清華大學研究院。抗日勝利之年（1945 年），他考取清華庚子留學獎學金，到他父親獲數學博士學位的芝加哥大學深造。芝大當時是美國（或世界）物理學的重鎮。他在大物理學家費米和泰勒薰陶點撥下，眼界大開，才華大顯。做研究生時，已被教授邀請協同授課，更在有「氫彈之父」之稱的泰勒手中，以十頁紙論文，取得博士學位。因為「太優秀了」，芝大破例請他留校擔任教席。

一年後，1949 年，楊振寧應聘轉到普林斯頓高等研究院。這是他人生中第一個春天。1930 年成立的普林斯頓高等研究院，聲名崇隆，1932 年獲聘為教授的愛因斯坦仍健在，鴻儒滿院，群英畢至，在科學家眼中是研究學問最理想的「象牙塔」。楊振寧進入了這座象牙塔，也開啟了人生第一個春天。

他與名將之女杜致禮結婚成家，兩人相愛相敬，不離不棄，廝守逾半個世紀。楊振寧在研究工作上也是春風得意，他在高等研究院共十七年，年年有多篇論文問世。1952 年他與李政道合寫了二篇統計物理的論文，曾得愛因斯坦的青睞約談。而於1954 年及 1956 年更寫了二篇必可傳世的不朽名篇。

1956 年楊振寧與李政道合寫的 Question of Parity Conservation in Weak Interactions（〈弱相互作用中的宇稱守恆質疑〉）一文於 1957 年獲頒諾貝爾物理學獎。這篇震動物理學界的論文，被認為是物理學概念的一次革命。可惜的是，愛因斯坦已於 1955 年 4 月 18 日離世，不然，愛翁與年輕一代的楊振寧與李政道極可能會有一次有意義的談話。

楊振寧與李政道 1956 年合寫論文，並非偶然機緣之合。從 1946 至 1949 年，楊振寧與李政道在芝加哥大學已成為親密朋友。那時，楊是研究生，李在大學本科，在同行的朋友凌寧和羅森柏斯眼中，楊是李的兄長和老師。

1951 年李政道到普林斯頓高等研究院，一共待了兩年，楊振寧與李政道曾合寫了二篇上面提到的統計物理的論文。到1955 年，楊、李又展開了七年的密切合作。直到 1962 年止，其間他們合寫了三十二篇論文。李政道在他 1986 年的《李政道論文選集》中，對二人的合作有這樣的感受：「我們的合作，緊密而且成果豐碩，既競爭又和諧，我們共同的工作激發出我們最佳的能力。結果遠比我們各自分開來工作的總和要好得多。」

楊振寧在 1983 年的《楊振寧論文選集》中也說：「在外人看來，我們的合作異常地緊密，而且在物理學上建樹良多。人

們對我們的合作是既羨又妒。」

這樣無比美好的合作在 1962 年卻音絕聲斷，楊、李從此分道揚鑣。對於楊、李的決裂，物理學界有許多的看法和猜測；中國人的圈子也是沸沸揚揚，看得撲朔迷離。楊、李在芝加哥大學的同學、加州理工學院校長戈德伯格，對楊、李的決裂非常傷感，認為這是楊、李兩人的巨大損失，也是科學界的巨大損失。（見江著《楊振寧傳》）

上世紀六十年代以來，所謂「楊、李之爭」（對「宇稱不守恆」論文的貢獻誰大誰多）的謠言風語一直不絕。李政道在好幾個地方作「弱作用的歷史」的公開演講，講到做宇稱不守恆的那個合作，「李政道說這個想法是他想出來的，因為要找一個人計算，所以後來就找到了楊振寧」。（見江著《楊振寧傳》）這些話傳到楊振寧耳中，楊振寧當然是十分生氣的，但他寧信那只是謠言，未做任何反駁。1979 年，他在瑞士日內瓦的歐洲粒子研究中心訪問，一天在圖書館裏偶然看到由西西里島上艾瑞契的科學中心出版的會議記錄，上面有李政道的這篇〈弱作用的歷史〉。「楊振寧看到這篇文章的內容，勃然大怒，也證實了長久以來他所聽到的謠言是真實的。」（見江著《楊振寧傳》）

今年七月，我收到楊先生 1983 年的《楊振寧論文選集》，這是 2020 年商務印書館重印的英文版。他在扉頁上寫：「耀基：出版此書是我一生中的一件大事，振寧 2021 年 7 月。」這部 600 頁的大書，主要是選載 1945 至 1980 年間他發表的重要論文。

楊先生是知道我看不懂，也不會有興趣看他充滿數學符號

的科學論文的；但他一定希望我看他對每篇論文一一所作的「評注」。的確，我是滿懷興趣地看了他的評注，特別是有關1956年他與李政道合寫的一篇論文的評注，文字清麗簡淨，說事論理精準透達，真是不需增一字，也不必減一字。看了評注，我明白楊先生為何在1983年六十歲之時要出這部附有詳盡「評注」的論文選集，更清楚知道，在所謂「楊李之爭」中，楊振寧在諾獎論文中的實際角色與貢獻。值得一提的是，他在評注中，對論文的合寫人李政道，沒有半句貶低或譏諷的話。楊先生對於他寫的論文（不論是獨寫或合寫），是絕對高度自覺，心明如鏡的。他在《論文選集》的序言中引杜甫「文章千古事，得失寸心知」的詩句，當然是有深意的。毫無疑問，他與李政道十六年的友誼與科學合作最後以破裂告終這件事是楊振寧一生之痛！他在評注中說了這樣的話：

> 總的來說，這是我生命中一個值得回顧的篇章，一點不錯，這中間有着痛苦，但是人生中與人相關而又有意義的事情，少有是全無痛楚的。

四、登入科學極峯的殿堂

楊振寧一生發表的數百篇科學論文，不少是與人合寫的。今日最光芒萬丈，使他登上物理學大師地位的是1954年6月與米爾斯合寫的〈同位旋守恆和同位規範不變性〉論文（一般被稱為「楊—米爾斯規範場論」）。此文比1956年楊振寧、李政道合寫的諾獎論文早二年。論文在《物理評論》發表後，並

沒有受到特別的重視。我一直奇怪，當年它竟未受到同在普林斯頓高等研究院的愛因斯坦的注意。愛翁是 1955 年仙去的，莫非愛翁在 1954 年已經不再看《物理評論》這本物理學頂級學刊了？誠然「楊—米爾斯理論」的觀念是超前的，要到一二十年後，才越來越受到重視。七十年代初期，格拉斯、薩拉姆和溫伯格三人因為這個理論成就，得到 1979 年的諾貝爾物理學獎，1982 年，楊振寧的老師泰勒在祝賀楊的六十歲生日的一篇文章中就說過「楊振寧應該再次得到諾貝爾獎」。的確，八十年代初，物理學圈都盛傳楊會第二次得諾獎。其時，楊先生正在中文大學，我請他到新亞書院演講，在車中，我曾問他是否會得第二個諾貝爾獎，他答：「我不會感到驚訝。」這很代表楊振寧的說話風格。後來很多年，他並沒有得到第二個諾貝爾獎，但 1994 年，美國歷史悠久的富蘭克林學會，將那一年地位崇隆的「鮑爾（Bower）科學成就獎」頒給了楊振寧，頒獎詞是：

> 基於（他）所提出的一個統領自然界物理定律並提供我們對宇宙基本作用力了解的一個廣義場論。他的這個理論，是二十世紀解釋次原子粒子交互作用的一個觀念傑作，在過去四十年當中，已經深刻重塑了物理和近代幾何的發展。這個理論模型，和牛頓、麥克斯韋和愛因斯坦的工作相提並論，必將對未來世代有着足堪比擬的影响。

楊、李的「宇稱不守恆」的諾貝爾獎論文使楊振寧成為物理學大家；「楊—米爾斯規範場論」則使楊振寧成為「偉大的

物理學家」，楊振寧白此登入科學極峯的殿堂，他的名字與牛頓、麥克斯韋和愛因斯坦一樣，名垂人類的史冊。有一次我聽到楊先生自信地說，千年後，他的物理思想還會存在。寫到這裏，我想起「楊—米爾斯規範場論」的合寫人米爾斯。

米爾斯 1954 年在布魯克黑文國家實驗室與楊振寧共享一辦公室，他當時是哥倫比亞大學的博士研究生，「楊振寧和米爾斯談起他一直縈繞在心的問題，發現米爾斯也有興趣，於是兩人開始研究這個問題」。江才健引用了米爾斯 1989 年在《美國物理學特刊》上的原話：

> 楊振寧當時已經在許多場合中，表現出他對於剛開始物理學家生涯的年輕人的慷慨。他告訴我關於推廣規範不變性的思想，然後我們較為詳細地做了討論。我當時已有了關於量子電動力學的一些基礎，所以在討論中能有所貢獻，而且在計算它的表達形式方面也有小小貢獻，但是一些關鍵性的思想都是源於楊振寧的……

米爾斯在 1999 年五月曾抱病到石溪參加楊振寧退休研討會，十月去世。楊振寧不止一次表示米爾斯是一位謙謙君子，也從沒有忘記米爾斯在「楊—米爾斯規範場論」中所作的貢獻。無論如何，米爾斯與楊振寧合寫的論文，也使米爾斯的名字垂遠千秋。

五、石溪：楊振寧新啟的科學事業

楊振寧 1957 年得諾貝爾獎時，有人問他得獎對他有什麼影響？他表示沒有什麼影響，我想他是指對他的研究工作而言的。1945 年到 1980 年這三十五年間，《楊振寧論文選集》顯示，1957 年得獎前十二年與 1957 得獎後的二十三年，平均每年發表的重要論文（未計入的論文一倍有餘）都是二篇以上。這顯示諾貝爾獎的盛名並沒有影響到他的科學研究。

談到楊振寧的科學事業，1966 年他從普林斯頓高等研究院轉到紐約州立大學的石溪分校，這應是他科學人生中有里程碑意義的一年。楊在普院十七年，自 1955 年起已是永久教授，在普院這個象牙塔裏，楊做研究如魚得水，而其研究成果更是一流中的一流，要離開普院，楊的內心是很猶豫的，而普院要留住楊振寧，可謂費盡心計。事實上 1965 年名高位崇的院長奧本海默曾表示有意推薦楊振寧為自己的繼任院長，最後，楊振寧還是決定去石溪分校。1965 年 11 月 11 日《紐約時報》的頭版刊出楊振寧接受紐約州立大學石溪分校「愛因斯坦講座教授」的消息，報導引述當時布魯克黑文國家實驗室主任戈德海伯（M. Goldhaber）的話，認為楊振寧接受這個教席，將使得石溪分校一振而起，立於近代物理的前沿。報導中還說，楊的「愛因斯坦講座教授」年薪是 45000 美元（當時美國大學正教授的最高平均年薪是 22110 美元）。認真說，楊振寧接受石溪分校「愛因斯坦講座教授」，最主要是出於楊先生對自己的科學事業的新思考。除了做研究，他更想在培育人才、科學教育上有所貢獻。此外，他到石溪是去接受一項新任務，就是

創建一個全新的理論物理研究所，他對這個新挑戰是有些興奮的。當然，他的決定（去石溪）是，並且必須是得到杜致禮的支持的，他夫妻都有在石溪建立常住久居家園的想法。杜致禮之愛上石溪，是 1965 年與楊振寧受邀訪問石溪時，她與楊的心都被海灣的落日美景攝去了。

楊振寧在石溪，一耽就耽了三十三年，直至 1999 年榮休。這些年，他培育的學生不多，但其中頗有在專業領域中取得出類拔萃成就的，而楊振寧也享受到教學相長的樂趣。至於他創建的理論物理研究所，他「無意締造一個帝國」（聶華桐語），卻成為世界物理學大師或精英（其中有英國的狄拉克）訪問、講學之選地，在世界科學版圖上已有了它的地位。三十年來，石溪理論物理研究所的成就，石溪的校長托爾教授，甚至把它與玻爾（Niels Bohr）在哥本哈根的玻爾研究所，以及勞倫斯（E. Lawrence）、奧本海默創建的勞倫斯伯克利國家實驗室相提並論（見江著《楊振寧傳》）。顯然楊振寧在象牙塔外所做的科學事業是出色成功的。在石溪期間，1993 年，楊振寧為香港中文大學成立了數學科學研究所；石溪之後，2003 年他重歸祖國，並在母校清華創辦清華大學高等研究院，這都是楊振寧一生中重要的科學事業。

令人讚歎不已的是，1999 年楊振寧從石溪退休的一年，3 月間，在亞特蘭大舉行的美國物理學會 100 週年會上，將甚享盛望的昂薩格獎（Onsager Prize）頒給了楊振寧，以肯定他在統計力學等方面的傑出貢獻。那一年，楊振寧七十七歲。值得一提的是，楊在石溪早期（1967 年）所提出的矩陣方程，和 1972 年澳大利亞的物理學家巴克斯特（R. Baxter）提出的

一組方程，到八十年代被蘇聯物理學家法捷耶夫證實是一樣的，只是寫法不同而已，於是有了「楊—巴克斯特方程」這樣一個名稱。這個方程被視為是一個基本數學結構。1990 年 8 月在京都舉行的數學大會上，四年一度的菲爾茲獎頒給四位數學家，其中三位的工作都與「楊—巴克斯特方程」有關（見江著《楊振寧傳》）。這一事實再度說明楊振寧的研究是超前的，並且是多領域的，同時也說明楊振寧的科學事業中，科學研究是他從未停止的。

六、科學之美的品味與風格

就我聞見所知，楊振寧是最講求「科學之美」的科學家。江才健的《楊振寧傳》中有「追求科學美感的獨行者」一章，深刻地描寫了傳主對科學之美的品味和價值的執着。我注意到 1954 年楊振寧與米爾斯合寫「楊—米爾斯理論」完成之時，曾受到大物理學家泡利（Pauli）的質疑，但楊說，此文應否發表從不是他們心中考慮的問題，因為「這想法（idea）是美的，應該發表」。我們知道此文最後被推薦為二十世紀最有原創性與影響力的物理學論文之一。我發現楊振寧在評論數學家漢米頓（Hamilton, 1843）的一篇文章時曾說：「自然確是選擇最優美最獨特的數學結構來構建宇宙的。」（見《楊振寧論文選集》）。江才健說：「對於物理學最精粹的發展結果，楊振寧認為它們以極濃縮的數學語言，寫出了物理世界的基本結構，可以說是造物者的詩篇。」科學求真，藝術求美，在楊振寧眼中，美與真好像常是合一的。英國大詩人濟慈（Keats）

的傳世名句：「真是美，美即真；你在世上就只知道這麼多，只這麼多也就夠了。」我想楊先生讀濟慈之詩，應該有會心之笑。

楊振寧認為科學家的科學創造與藝術家的藝術創作是一樣的，往往都帶有強烈的個人風格。在創建量子力學上有大貢獻的偉大物理學家狄拉克（Paul Dirac）是楊先生同氣相投的前輩朋友。狄拉克的研究工作「堅持形式上的完美和邏輯上的無缺點」，曾說「完美是唯一的要求」。楊振寧曾用「秋水文章不染塵」來形容狄拉克的文章，事實上，楊先生的文章也正有「秋水文章不染塵」的風格。楊的物理工作所呈現的美感是受到普遍讚美的，普林斯頓的物理學家戴森就說過「楊振寧是繼愛因斯坦、狄拉克之後，為二十世紀物理科學樹立風格的一代大師」，決不是偶然的。

楊先生生平結交的朋友中很多是藝術家：雕塑家朱銘、吳為山，畫家吳冠中、范曾等，都是著名的藝術家。有一回，他與翁帆請我夫婦晚餐，大畫家黃永玉就在座，並且談笑風生。又有一回，西北畫家晁海（我曾稱他是「中國水墨畫的一座奇峰」）在北京有一場盛大展覽，我應邀出席開幕禮，在會場喜逢楊先生，知道他也會以主禮嘉賓身份講話，原來晁海也是楊先生的藝術之友，楊先生對晁海的畫有深刻認識和欣賞。說起楊振寧的藝術界朋友，熊秉明應該是他最相契相知的。熊秉明曾盛讚：「楊振寧的物理學已經拓展到形而上學，把詩和美包容進去。」不久前，我問過楊先生，如果可能，在已經逝去的朋友中，他最想邀請來聚的是哪幾位？熊秉明和鄧稼先二位是他最先想到的，一位是藝術家，一位是科學家。

七、楊振寧的「家」「國」情懷

　　1945 年楊振寧赴美到芝加哥大學深造，2003 年歸國回母校清華執教。這是楊振寧百年人生中兩個極有紀念性的年份。

　　楊振寧在美國五十八年，成家立業，創造了科學上輝煌的事業。楊振寧於 1964 年正式入籍美國，他多次提到美國是一個「美麗」的國家，並說：「美國給了我發展潛力的機會，我知世界上沒有別的國家對移民如此慷慨。」如楊振寧不在美國，絕無可能有他今日的成就；沒有美國，就沒有大科學家楊振寧。楊振寧對美國成就了自己是心存感恩的。但是，如果因楊振寧入籍美國就意味他會忘掉、背棄他出生、成長的祖國，那就太遠離事實了。我必須說，楊振寧所作申請入籍美國的「選擇」，決不是實存主義哲學意義的「抉擇」。他入籍美國這件事絕不影響他之為中國人的思想和事實，楊振寧之為一個中國人是深刻在骨子裏的生命記號。在此，我想說，楊振寧不是一個強烈的民族主義者，但他確有極濃厚的民族感情。他少年時，對中國的苦難就有深刻的體會；對中國近百年的屈辱與剝削，他更說「這是任何一個中國人都難以輕易忘記的一個世紀」。他對摯友鄧稼先的追念文章中說：「他是對中華民族巨大轉變中做出了巨大貢獻的人。」楊振寧還說：「假如有一天哪位導演要攝錄鄧稼先傳，我要向他建議背景音樂採用五四時代的一首歌。」（歌詞是：中國男兒，中國男兒，要將隻手撐天空，長江大河，亞洲之東，峨峨崑崙⋯⋯古今多少奇丈夫，碎首黃塵，燕然勒功，至今熱血猶殷紅。）楊振寧的妹妹楊振玉博士表示，楊振寧描述了鄧稼先一生，她「覺得這也描

述了大哥的志向」。楊振寧在 1995 年 1 月 28 日被訪問時說：「我一生最重要的貢獻是幫助改變了中國人自己覺得不如人的心理作用。」楊振玉說這就是楊振寧怎樣看他自己的一生！楊振寧的中國人自覺，實根源於他的「家國情懷」，他的家國情懷是因他父親楊武之的言教與身教。楊武之先生之於楊振寧是亦父亦師。楊武之對楊振寧幼少時所施的就是中國文化教育。楊武之在 1949 年中國巨變中留居大陸，沒有像胡適、傅斯年、吳大猷等學人或去台灣、或去海外，也自然地為中國共產黨創立的新中國，在學術教育上竭盡一己之力。建國翌年，朝鮮戰爭爆發，中美關係降至冰點。楊振寧回不了中國，楊武之去不了美國，父子相見，難如登天。1957 年，楊振寧榮獲諾貝爾獎，幾經周旋，父子得以在日內瓦重見。在珍貴的短聚後，楊武之臨別時給楊振寧留下一字條：「每飯勿忘親愛永，有生應感國恩宏。」1960、1962 年父子二人又在日內瓦小聚，楊武之曾勸他「回國看看」。楊振寧說：「這一方面是中國政府的建議，一方面也是父親自己靈魂深處的願望。」楊振寧於七十年代初的返國之行，就不會令人驚訝了。

　　1971 年，美國總統尼克遜訪華前夕，楊振寧在美國政府撤銷美國公民去中國的禁令後的第一時間，7 月 15 日踏上闊別二十六年的歸鄉返國之旅。在中國近一個月，看了許多地方，見了不少親人舊友。楊振寧這一次中國之行，從頭到尾，感情上是異常激動興奮的。他回到美國後，以洋溢的熱情報導新中國的成就與他的所見所聞。在那個後來被定性為「十年浩劫」的「文化大革命」期間，楊振寧顯然看不到美好表象後的「文革」醜惡，他的熱情洋溢的演講，無意中扮演了「魔鬼辯護士」

的角色，楊振寧事後自嘲「是一個蹩腳的新聞記者」。這裏應該一提，楊在 1972 年一次中國行中，他曾對周恩來總理表示，「中國政府的片面的平等主義已經摧毀了中國的科學」。後來，中國政府在毛澤東主席的指示下，改正了「文革」的極端平均主義，這也間接地改善了包括他摯友鄧稼先的處境。（見江著《楊振寧傳》）

1978 年，中國發生了 1949 年以來最大的變化。「四人幫」垮臺，鄧小平復出，中國國運出現了轉機。鄧小平在「文化大革命」造成的廢墟上，高舉改革開放的旗幟，引領中國邁向現代化的大道，國內國外無不慶賀中國歷史新運會的來臨。1979 年鄧小平應邀訪美，美國政府依國賓之禮隆重相待。楊振寧與歷史學家何炳棣，作為全美華人協會的正副主席身份，以最大熱情歡迎這位最具中國人民氣質的政治家。楊振寧此後在石溪、在清華，更有計劃地推動中、美科學（包括人才）的交流，他深信這對兩國都是有益的。他滿心歡愉地自願擔起中美之間的橋樑角色。的確，對於楊振寧這位對中美兩國都有真切感情的科學家，他最樂見的是兩國互益的交流、合作與發展。

八、歸根翁在清華的科學新事業

1999 年楊振寧從工作了三十三年的紐約州立大學石溪分校榮休，並接受了清華大學的聘邀，但因夫人杜致禮罹患癌症，須在美國治療，他堅持陪侍廝守半個世紀的老伴。2003 年 10 月，杜致禮逝世。楊振寧為愛妻安葬後，收拾心情，隻身到清華赴任。

2003 年楊振寧正式回到清華，他寫了一首《歸根》的詩，其中的兩句「耄耋新事業，東籬歸根翁」表明歸根後的楊先生要開始新的事業。楊先生形容自己的人生畫了一個圈。據清華大學高等研究院朱邦芬教授說，那段時間，楊先生特別喜歡讀二十世紀英國大詩人艾略特（T. S. Elliot）的一首詩，並親自譯成中文。其中的兩句是：

> 我的起點，就是我的終點……我的終點，就是我的起點。
> 我們將不停地尋索，而我們尋索的終點，將會達到了我
> 們的始點，從而第一次了解此地方。

楊振寧已把清華看作他科學事業的起點和終點，並且終點後又一新的始點。朱邦芬教授在 2017 年記：

> 楊振寧 2003 年歸根，絕不是一些不了解真相的人所想像
> 的，是回來「養老」和「享福」。「80 後」的楊先生開始
> 了新的事業和新的尋索，做出了許多新的貢獻。[01]

朱教授指出，從八十歲至九十五歲的十五年間，楊先生在五個方面，都作出了具體的貢獻，我特別注意到楊先生個人的科學研究，朱教授說楊先生「回清華後發表的二十七篇 SCI 論文和出版兩本專著」，「一共寫了十三篇純物理研究文章，其中多篇文章楊先生是唯一的作者」。從這裏，我看到楊振寧真正是一個活到老、研究到老的科學老人。

01　見朱邦芬：〈回歸後楊振寧先生所做的五項貢獻〉（原載《物理》2017 年第 9 期）。

2015 年 4 月 1 日，楊振寧在入籍美國五十一年後決定放棄美國國籍。他說：「這不是一個簡單的決定。美國是一個美麗的國家，是一個給了我做科學研究非常好的機會的國家，我感激美國。」楊在做這個決定的時候說，「我一直記得我與摯友熊秉明曾經的對話」，他說，「你的父親雖已過世，你的身體裏還循環着他的血液。」我說，「是的，我的身體裏循環着的是父親的血液，是中華文化的血液。」

是的，楊振寧最終又回到了祖國。2015 年，楊先生已九十三歲，回國已十二年，但他仍然決定要做放棄美國國籍這樁事。在很根本的意義上，他是要對父親有個明明白白的交代。他在 1983 年六十歲生日時說：「我知道直到臨終前，在父親心底一角，始終沒有原諒我的拋鄉棄國之罪。」

放棄美國國籍，楊振寧的「家國情懷」得到了最大的釋放。

九、百歲人生中的第二個春天

楊振寧先生百歲人生中，比 1957 年他獲得諾貝爾獎更轟動社會的恐怕是 2004 年他與翁帆的婚訊了。八十二歲的老科學家楊振寧與二十八歲青春妙齡的翁帆的婚事，當然是一件極不尋常的新聞，一時間沸沸揚揚，為他倆高興祝福的固是一大片，抱持不認同與強烈反感的聲音也是此起彼落。當然，楊振寧最在意的是他在美子女的意見。他們一致慶賀老爸，並對翁帆表達衷心感激。其實，在現代社會，兩個成年、有獨立意志的男女，彼此相悅相慕，更願意相守、相終，實是十分正常的人間美事。當我讀到楊振寧寫出心中對翁帆的頌讚的詩句：

噢，甜蜜的天使

你真的就是⋯⋯

上帝恩賜的最後禮物

給我的蒼老靈魂

一個重回青春的欣喜

我的第一個反應是，楊振寧的「黃昏之戀」使他有了人生的第二個春天。孤獨寥寂的老人將有一個棲居詩意溫暖的暮年。

十七年了，楊振寧與翁帆，牽手一路走來，已走過十七個春天，我們見證了楊振寧 2004 年說的他和翁帆是一個浪漫的愛情故事。誠然，在楊與翁帆十七年婚後歲月中，楊先生在清華，在中大，春風化雨，不厭不倦；翁帆亦在建築學史上完成博士學位。2007 年，楊、翁更合作出版了《曙光集》，十年後，2017 年二人又編著了《晨曦集》。在這二本書中，我們看到了楊先生自少至老的心中大願，那就是中華民族的復興。2007 年《曙光集》的前言中，楊先生說：

> 魯迅、王國維和陳寅恪的時代是中華民族史上一個長
> 夜，我和聯大同學們就成長於此似無止盡的長夜中。
> 幸運地，中華民族終於走完了這個長夜，看見了曙光。
> 我今年 85 歲，看不到天大亮了，翁帆答應替我看到⋯⋯

翁帆在楊振寧的心中，已是自己的替身。

2017 年，楊先生在《晨曦集》的前言中說：

> 當時覺得改革開放三十年，看見了曙光，天大亮恐怕要

再過三十年，我自己看不到了。沒想到以後十年間，國內和世界都起了驚人巨變。今天雖然天還沒有大亮，但曙光已轉為晨曦，所以這本新書取名為《晨曦集》。而且，看樣子如果運氣好的話，我自己都可能看到天大亮。

那是楊振寧九十五歲時說的話，今天楊先生到了百歲之齡，但健康與五年前並無大別。我相信，楊先生在翁帆的陪伴下，將欣欣然展開「楊振寧100後」的人生。願楊先生與翁帆並肩一起，共看天之大亮。

八十年代，楊振寧到新亞書院演講，從左到右：陶元禎、金耀基、楊振寧、劉述先、劉國松。

香港中文大學慶楊振寧九五華誕，金耀基（左）書贈楊振寧（右）。

金耀基先生主要中文著作：

《從傳統到現代》(1966，1992，1997，2000，2010，2017)

《中國民本思想史》(1964，1993，2000，2005)

《現代人的夢魘》(1966)

《中國現代化與知識分子》(1994)

《中國民主之困局與發展》(1997)

《劍橋語絲》(1976，2000，2008，2013)

《海德堡語絲》(1986，2000，2007，2008，2013、2016)

《敦煌語絲》(2008，2011，2013)

《學思與生涯》(2008)

《中國社會與文化》(1993，2013 增訂版)

《中國政治與文化》(1997，2013，2017 增訂版)

《中國現代化的終極願景》(2000，2011，2013)

《中國的現代轉向》(2004，2013 增訂版)

《社會學與中國研究》(2013)

《大學之理念》(1983，2000，2013 增訂版，2020)

《中國文明的現代轉型》(2016)

《再思大學之道》(2017，2020)

《人間有知音──金耀基師友書信集》(2018)

《金耀基八十書法集》(2018)

《有緣有幸同斯世》(2018，2022 第二版)

《金耀基書法作品集》(2019)

《最難忘情》(2003，2019 增訂版)

百年中國學術與文化之變（增訂版）

探索中國的現代文明秩序

責任編輯——侯明

裝幀設計——曦成製本（陳曦成、焦泳琪）

排　　版——曦成製本（陳曦成、焦泳琪）

印　　務——劉漢舉

著——

金耀基

出版——

中華書局（香港）有限公司

香港北角英皇道499號北角工業大廈一樓B

電話｜（852）2137 2338　傳真｜（852）2713 8202

電子郵件｜info@chunghwabook.com.hk

網址｜http://www.chunghwabook.com.hk

發行——

香港聯合書刊物流有限公司

香港新界荃灣德士古道200 - 248號

荃灣工業中心16樓

電話｜（852）2150 2100　傳真｜（852）2407 3062

電子郵件｜info@suplogistics.com.hk

印刷——

美雅印刷製本有限公司

香港觀塘榮業街6號海濱工業大廈4樓A室

版次——

2020年10月第一版

2023年1月增訂版

© 2020 2023 中華書局（香港）有限公司

規格——

大32開（153mm × 210mm）

ISBN——

978-988-8807-53-6